LA VOYANCE ET SES SUPPORTS

SUIVI PAR LES ARTS DIVINATOIRES

RENÉ TRINTZIUS

suivi d'un texte de
PAPUS

ALICIA ÉDITIONS

TABLE DES MATIÈRES

Conférence faite par René Trintzius, le 1er juin 1946, au
Collège astrologique de France …………………………………… 5

LES ARTS DIVINATOIRES
Par PAPUS

INTRODUCTION …………………………………………………… 27
GRAPHOLOGIE …………………………………………………… 30
CHIROMANCIE …………………………………………………… 36
PHYSIOGNOMONIE ……………………………………………… 47
DIVERS ……………………………………………………………… 56
CONCLUSION ……………………………………………………… 58

CONFÉRENCE FAITE PAR RENÉ TRINTZIUS, LE 1ER JUIN 1946, AU COLLÈGE ASTROLOGIQUE DE FRANCE

M. de La Palisse aime à déclarer :

« La voyance est une faculté que possèdent certains êtres de voir le passé inconnu, le présent caché et l'avenir. »

Une telle affirmation, toute semblable à la fameuse « vertu dormitive », ne nous apprend évidemment rien. C'est pourquoi en étudiant la voyance avec ses supports, nous espérons surprendre certains de ses secrets.

Nous ne ferons pas ici un historique complet de la question. Nous serions encore devant vous dans huit jours. Vous savez que la voyance ou double vue ou divination fut en honneur depuis toujours chez les peuples les plus anciens, les plus primitifs comme les plus savants.

Dans l'antiquité comme dans les sociétés primitives, la voyance était pratiquée par des spécialistes ayant un caractère religieux, des devins officiels devant lesquels Aristophane est un des seuls à ne pas s'incliner. Il y avait naturellement des devins libres, une sorte de marché noir de la voyance à qui Platon réserve la peine de la prison perpétuelle. C'est qu'on savait déjà à ce moment que la voyance peut trouver de l'aide aussi bien dans les forces d'ombre que dans les forces de lumière. Ce vœu ne fut d'ailleurs pas exaucé et la voyance libre fut plus longtemps florissante que la voyance officielle.

Parmi les devins officiels, l'oracle de Delphes était le plus fameux. Son autorité resta inébranlable du VIIIe au XIe siècle. Il faut conclure que le collège des prêtres de Delphes avait une technique de la voyance qui ferait le bonheur d'une société métapsychique d'aujourd'hui.

L'organe d'Apollon était une femme, une pythie. Elle était choisie pour ses facultés médiumniques, pratiquait la transe à volonté en respirant les vapeurs carboniques qui s'échappaient de l'antre. Pour accroître sans doute son état de dédoublement, on usait aussi de la fumée de laurier dont il a été établi récemment qu'elle avait une action sur les somnambules. Il serait peut-être exagéré de voir là un support proprement dit.

La voyante ou Pythie répondait dans le style symbolique qui est celui de la logorrhée médiumnique. C'étaient les prêtres qui interprétaient ses déclarations. Dans les temps les plus anciens, la Pythie parlait en vers. Si bien que les spirites d'aujourd'hui disant recevoir des messages versifiés peuvent se réclamer d'une pratique très ancienne. Autrefois, on disait que c'était Apollon qui parlait en vers. Aujourd'hui à la table des spirites, on dit que c'est Victor Hugo ou André Chénier... Nous disons cela sans ironie déplacée.

Il y a un point sur lequel j'attire votre attention, c'est que la Pythie n'interprétait pas elle-même les clichés mentaux que lui procurait sa voyance. C'étaient les prêtres qui se chargeaient de ce soin. Nous sommes persuadés que si les clichés, c'est-à-dire les diverses images mentales reçues par nos voyantes d'aujourd'hui, étaient interprétés par des spécialistes, nous aurions probablement un coefficient plus élevé de réussites, surtout pour les voyances faites sur le plan mondial.

Si l'on doutait un instant de la qualité de cette divination antique à laquelle pouvaient atteindre les Pythies, il n'y aurait qu'à songer au génial Pythagore, le plus profond philosophe grec, celui qui connut les enseignements des temples d'Égypte et la science de Babylone et qui passa toute une année à Delphes à provoquer, chez la jeune Pythie Théocléa, la transe la plus féconde, en même temps qu'il rendait les prêtres de Delphes à leur mission sacrée.

Je dois ajouter que l'oracle de Fatras était fondé sur le système des miroirs magiques dont nous aurons à reparler. Passons ici sur les sybilles dont les procédés divinatoires n'étaient pas très différents mais qui semblent avoir livré à l'état brut et... sybillin les phrases que leur dictait la transe. À souligner que la transe de la sybille de Cumes était évidemment déclenchée par les vapeurs sulfureuses qui sortaient de terre à cet endroit. En dehors des oracles utilisés dans les circonstances exceptionnelles, on employait dans les circonstances les plus quotidiennes de la vie, une voyance plus familière que nous retrouvons aussi dans toutes les sociétés primitives, c'est la divination avec ce que nous appellerons proprement un support.

C'est chez les Étrusques qu'un support Sanglant, une victime expiatoire, un animal offert aux dieux donna, paraît-il, naissance à l'haruspicine ou art de lire la volonté divine et le fatum dans les viscères des animaux ainsi sacrifiés.

On examinait surtout six organes : la rate, l'estomac, les reins, le cœur, les poumons et surtout le foie (ce dernier étant divisé en face externe et interne, en partie concernant le consultant ou ses ennemis, en sillons, en lobes, etc.).

La valeur de ce procédé peut paraître bien problématique mais l'extrême complication des règles que l'haruspice devait appliquer, la multiplicité considérable des éléments dont il devait tenir compte, le laissaient pratiquement libre de se laisser aller à son intuition. Et la fixation prolongée de certains objets par le regard, produit une manière de libération de la vision dont l'importance est considérable.

Rappelons que la concentration mentale des Yoguins comporte trois temps successifs :

- Dans le premier (Dhârana) la conscience se fixe sur un objet choisi et supprime toute association d'idées ;
- Dans le deuxième temps (Dhyana) la conscience s'identifie avec l'image de l'objet.
- Dans le troisième temps (Samâdhi) la conscience entraîne sur un plan supérieur l'énergie spirituelle rassemblée dans les deux premiers temps.

On peut ainsi par exemple emporter avec soi la fonction d'un niveau inférieur extraite de son organe et l'utiliser en dehors de cet organe.

Pour nous aider à comprendre ce dont il s'agit, faisons appel à un souvenir d'enfance. Au cours d'une rougeole, d'une scarlatine, vous avez tous contemplé indéfiniment le papier de votre chambre, et, peu à peu, les dessins se transformaient sous vos yeux, des têtes apparaissaient, etc. Votre vision commençait à se détacher du réel. Oh, naturellement, vous étiez encore bien loin du Samâdhi.

Retenez, en tout cas, que le Yoga prétend extraire la fonction, visuelle de l'organe pour voir sans le secours des yeux. Bien entendu, le Samâdhi n'est qu'un échelon dans la montée vers l'Esprit...

Mais l'antiquité où la divination avait une importance considérable. connaissait des quantités d'autres procédés de voyance, il y avait l'art augural ou ornithomancie, divination par le vol des oiseaux. Ici aussi la complexité des règles et la fixation d'un objet devaient jouer le rôle que nous avons vu plus haut. Il y avait aussi l'hydromancie ou divination par l'eau, la léconomancie, divination à l'aide d'un vase, la pyromancie à l'aide du feu, etc...

D'après Cardan, l'hydromancie était semblable à la cristallomancie. On prenait un verre de forme circulaire ou une carafe, on les remplissait d'eau pure et on invitait le sujet à fixer son regard sur le liquide. S'il était apte à éprouver des hallucinations visuelles induites, il apercevait des scènes, ou bien des figures. L'opération était complétée par des prières, des conjurations, des invocations. Parfois le rituel exigeait qu'on allumât des bougies autour du vase d'eau.

Quant à la catoptromancie, divination au miroir magique, elle ne semble pas qualitativement différente de la cristallomancie. On pratiquait aussi la dactylomancie, ou divination par les anneaux. Elle se pratiquait en suspendant, à un fil un anneau et en le tenant à la main au-dessus d'un bassin de verre ou de métal. Les mouvements de l'anneau suspendu donnaient les réponses. Si je ne me trompe, voilà déjà le pendule, voilà aussi un argument en faveur de ceux qui disent que la voyance joue son rôle dans la radiesthésie, laquelle s'appelait jadis rabdomancie, divination à la baguette. La rabdomancie était couramment pratiquée chez les Romains.

Mais revenons à la dactylomancie. Dans un procédé plus perfectionné, on inscrivait les lettres de l'alphabet sur la circonférence du vase, et l'anneau, en frappant successivement les lettres, formait les mots. On raconte que cette opération fut pratiquée avant l'avènement de Théodose, après l'assassinat de Valentinien II. Le pendule donna Théodo. Les expérimentateurs demandèrent la dernière lettre et le pendule donna S. Les expérimentateurs partisans de Théodoros crurent avoir gain de cause et ce fut Théodosios qui régna. Comme quoi, il ne faut jamais solliciter les voyances.

L'onychomancie étudie les signes tirés de la forme des ongles et aussi les visions données par la fixation de l'ongle enduit de noir de fumée ou d'huile. Ici, remarquons-le, le support est par lui-même un instrument de connaissance, car les savants modernes comme le professeur Mangin, en écartant systématiquement la voyance, ont pu tirer de l'étude des ongles des renseignements cliniques et psychologiques de haute valeur.

La divination par les taches d'encre ou la couleur aurait été très employée dans l'ancienne Égypte. Les taches n'étaient pas comme aujourd'hui, fixées sur un papier, mais sur la paume de la main gauche.

Quant à la Kapnomancie citée par Cardan comme très ancienne, elle est plutôt arabe qu'antique. On jette des graines de Sésame sur des charbons ardents et dans la fumée produite, le sensitif aperçoit des figures qui répondent à la question posée.

La téphramancie utilisait la cendre. Les cendres étaient projetées sur une. surface plane. On observait ses mouvements sous l'action des courants d'air. L'aéromancie tirait les présages de l'atmosphère : vent, arc-en-ciel, halos solaires ou lunaires, nuages, etc... C'est l'aéromancie qui permettait à des groupes d'hommes d'apercevoir des signes célestes, cavaliers, étendards, armées en marche. L'histoire est pleine de ces présages et l'on croit que l'on a tout dit avec le mot hallucination. Il est probable qu'il s'agit souvent ici de clichés d'une nature collective. Le problème de la voyance collective est d'ailleurs loin d'être élucidé. Pour mieux l'étudier, je vous renvoie à la savante étude de César de Vesme, sur les apparitions célestes, publiées par la *Revue Métapsychique*.

À la vérité, tout dans la nature a pu servir de support de voyance dès la plus haute antiquité : les animaux, les feuilles des arbres, mille objets différents.

Chose curieuse, la cartomancie n'était pas connue des anciens — tout au moins aucun auteur ancien ne nous en parle, mais la chiromancie mérite une place à part. Notre savant ami Henri Mangin serait plus à même que nous de vous parler de la chiromancie ou divination par les mains. Elle nous intéresse ici à un point de vue particulier puisqu'elle constitue, comme l'onychomancie, un exemple excellent de voyance s'appuyant sur une connaissance. On a récemment démontré par la plume et par l'acte que la chiromancie a comme base une science réelle, la chiroscopie, puisque l'individu tout entier nous offre en quelque sorte sa synthèse active dans les aspects, la forme, les lignes de la main. Mais partant de cette connaissance, qui l'oriente et l'empêche d'errer, le voyant « décolle » en quelque sorte du réel et de l'observation du réel pour laisser parler son intuition. Dans la plupart des autres exemples que nous offraient jusqu'ici les pratiques de l'antiquité, nous étions autorisés à supposer que le voyant se servait d'un moyen presque mécanique de provoquer la transe. Ici comme avec l'onychomancie, nous avons une collaboration étroite entre la connaissance consciente et le phénomène de voyance.

Un autre procédé important utilisé par les anciens, l'arithmomancie, procédé qui est encore aujourd'hui en usage, nous ouvre un horizon différent, et, qui n'a pas moins d'intérêt, celui d'une sorte de choix pratiqué par le consultant. À la base de ces procédés où le consultant joue un rôle par le choix que fait son inconscient, il faut citer le procédé chaldéen des *sorts*, symbolisés par des flèches. Le procédé particulier des Chaldéens est indiqué par un curieux passage d'Ezéchiel, où le prophète représente Nabuchodonosor partant pour une expédition et hésitant encore sur le point où il fera porter sa première attaque : « Le roi de Babylone s'est arrêté sur le carrefour, à la tête des deux routes, pour consulter le sort de la divination, il a mêlé les flèches, il a interrogé les idoles. » Saint-Jérôme commentant ce passage dit : « Il s'arrêtera sur le carrefour et consultera l'oracle selon le rite de sa nation, plaçant des flèches dans un carquois et les mêlant, après les avoir inscrites et marquées des noms de ses différents adversaires, afin te voir laquelle sortira, et par suite, quelle ville il doit d'abord attaquer. »

L'usage de cette bélomancie avait passé chez les Arabes et il était particulièrement florissant à la Mecque jusqu'à l'époque de Mahomet. Les flèches sans pointe ni penne et portant chacune écrit un mot significatif, étaient au nombre de sept, conservées dans la Kàabah sous la garde d'un ministre spécial. Mais revenons à l'arithmomancie. Le consultant donnait trois nombres de trois chiffres chacun, en pensant à la question qu'il voulait poser. Au moyen de l'addition théosophique qui est horizontale (en addition théosophique 26 par exemple = 2 + 6 soit 8) on réduisait les nombres à des éléments simples définis par la doctrine ésotérique et comportant une signification générale que le voyant précisait selon son intuition. Parfois la divination par les chiffres se combinait avec une divination par les noms.

Ce qui est intéressant avec ce procédé, c'est que l'élément de base, le support, est fourni par le consultant. Tout se passe comme si l'infra-conscient ou sur-conscient du consultant se mettait en. rapport avec l'infra-conscient ou le sur-conscient du consulté.

À la vérité, deux autres actes divinatoires comportent cette collaboration : La cartomancie et l'oniromancie. La cartomancie sera étudiée à part parce qu'elle est moderne et dans l'oniromancie ou divination par les songes, c'est involontairement que le consultant donne sa collaboration. Il a fait tel ou tel rêve que le devin explique : exemple, Joseph expliquant au Pharaon le sens de son rêve des sept vaches grasses et des sept vaches maigres.

Avant d'en arriver à des procédés de voyance plus récents, disons un mot de la géomancie qui, à l'origine, devait tirer des présages de l'aspect du sol et dont les règles furent codifiées par les Arabes : chez les Arabes, le devin étend du sable sur une planchette divisée en quatre rectangles. Il prend quelques petits cailloux et les jette sur le sable. Il observe les figures en les ramenant à des types déterminés d'où il tire ses prédictions. Il est faux que ce soient les géomanciens de la Renaissance qui aient introduit de l'astrologie dans la géomancie ; la signification des maisons astrologiques colore la signification des nombres obtenus en traçant des traits sur une feuille de papier selon certaines règles. Ajoutons que du Dahomey à Madagascar, on trouve la même géomancie : le sorcier jette sur le sel des grains d'un collier ou des grains de fano et leur répartition sur le sol fournit le support de la réponse.

Enfin, des chercheurs contemporains comme Dom Néroman sont parvenus à rattacher la géomancie aux nombres-clés du Cosmos.

À propos de ces procédés divinatoires anciens, on peut noter que selon Paracelse, le père de la Médecine moderne, de l'homéopathie, un des plus profonds occultistes de tous les temps, toutes les choses vivantes et même non-vivantes — mais la matière dite inerte ne vit-elle pas à sa façon ? — toutes ces choses sont signées des influences qu'elles reçoivent du cosmos et c'est pourquoi la contemplation de n'importe quel objet peut, chez le voyant, provoquer la divination non pas seulement par le Samâdhi, mais parce qu'il le met eu rapport avec les secrets de l'univers. Paracelse note d'ailleurs que l'ingestion de certaines substances enivrantes augmente la divination (pensez au culte bachique). Dans ces conditions, l'homme peut trouver en lui tout ce qui appartient à l'univers dont il fait partie et dont il est l'image. Mais l'amour de Dieu ouvre des portes de lumière qui sont en même temps celles de la Voyance. C'est pourquoi les prophètes et tous les Saints ont atteint à la Voyance cosmique et mondiale, à la Voyance des plans qui s'interposent entre l'homme et Dieu.

Disons tout de suite que toutes les mancies sont allées, de siècle en siècle, au fur et à mesure que le matérialisme envahissait l'esprit occidental, en perdant de leur valeur parce que les vraies traditions étaient perdues. Toutefois, de temps en temps des êtres particulièrement doués manifestaient leurs dons avec une sécurité, une perfection qui forçaient l'admiration.

Le XVIIe siècle eut ses hydroscopes célèbres ou rabdomanciens. C'est ainsi que le fameux Jacques Aymar travaillait régulièrement pour la police. À la fin du siècle, un assassinat est commis à Lyon. La police est incapable de trouver le coupable. Sans fausse honte, elle convoque Aymar avec sa fourche de coudrier. Sur le théâtre du meurtre, la baguette désigne une fenêtre. Les assassins sont passés par là. La baguette tourne jusqu'à une auberge hors de la ville. L'aubergiste interloqué avoue que deux hommes suspects se sont arrêtés chez lui. Puis la baguette conduit Aymar jusqu'au bord du Rhône. Elle s'arrête vers l'amont ou l'aval. Il faut s'embarquer. La baguette indique qu'il faut descendre le fleuve. Après plusieurs jours, Aymar arrive à Beaucaire. Là, la baguette tourne dans deux directions différentes. Il suit la première piste. Ella le conduit jusqu'à la prison de la ville. Il entre accompagné d'un gardien. On range les détenus sur un rang, la baguette tourne vivement devant l'un d'eux. Aymar déclare que c'est l'un des coupables. Torturé, il avoue bientôt son crime et désigne son complice. Par la suite, Aymar renouvela souvent ses exploits. Il découvrit les vols et les voleurs, avec une maestria sans égale.

D'autres hydroscopes fameux comme Parangue et Bléton méritaient mieux leur nom puisqu'ils découvraient les sources. Le second s'aperçut à l'âge de douze ans qu'il était pris d'une fièvre ardente à chaque fois qu'il s'endormait contre un rocher, puis à tous les endroits où il y avait de l'eau. Il n'avait pas besoin de baguette, dès qu'il marchait au-dessus d'une source, son pouls s'accélérait aussitôt. Sa réputation devint telle qu'il fut convoqué en 1782, à Paris, par des savants. Dans les jardins de Sainte-Geneviève, il se tira à son honneur de toutes les épreuves qui lui furent imposées. À la même époque, Jean-Jacques Parangue voyait les sources souterraines et les décrivait avec une précision vérifiée et hallucinante. Notons que vers la même époque aussi, une fillette annonça au duc d'Orléans, grâce au miroir d'eau tout ce qui allait se produire à la mort de Louis XIV.

Il est assez curieux qu'en pleine décadence des mancies, la cartomancie ait pris, au XVIIe siècle, un essor qui ne s'est pas ralenti depuis, malgré l'accusation de charlatanisme, accusation parfois justifiée qui s'attacha à ceux qui pratiquaient cet art.

La base de la cartomancie, c'est le tarot. Le tarot est incontestablement un des plus curieux, un des plus subtils parmi les procédés divinatoires. Devenu, de nos jours, un jeu de cartes des campagnes, il semble avoir connu sa plus grande vogue à la fin du XVIIe siècle comme support de voyance. Des études récentes ont démontré que ses 78 cartes qui, selon certaines traditions, seraient une émanation du livre de sagesse de Thot (ou Hermès Trimégiste), semblent se rattacher au IIe siècle de l'ère chrétienne et à la civilisation alexandrine. À cette époque, elles auraient constitué une sorte de livre symbolique et initiatique mais n'auraient pas du tout servi de support aux voyants.

Toutefois les origines du tarot remontent beaucoup plus haut et l'on voit encore dans les ruines d'un temple de Thèbes des vestiges de ces figures encore visibles au plafond d'une des salles hypostyles et sur une paroi du même temple.

Quoiqu'il en soit, depuis les travaux de Maxwell, on considère que les 22 lames ou arcanes majeurs du tarot ont une signification astrologique et que les 56 autres ou arcanes mineurs se réfèrent aux nombres symboliques. Ce seraient là des clefs des secrets de l'univers, propres entre toutes à permettre à deux infra-conscients ou super-conscients, celui d'un consultant et celui d'un consulté, d'atteindre des plans extra-humains. Ce sont là des notions hermétiques qui sortent du cadre de cette conférence. Étudions plutôt ce qui se passe quand un consultant se rend chez une cartomancienne qui se sert du tarot, ou des cartes à jouer qui en sont une version désoccultisée.

Notre expérience personnelle nous permet d'affirmer que lorsque le consultant fait le calme en lui, se livre à la relaxation, se détend et choisit les cartes retournées en se laissant conduire par son intuition, il ne se laisse pas, la plupart du temps, aller au hasard. M. Louis Marchand qui est un des hommes connaissant le mieux le tarot, m'a affirmé qu'un consultant lui avait, un jour, sorti 17 fois le même jeu. Et pour notre part, à la veille d'un événement important et favorable que nous pressentions sans doute sans le deviner, il nous est arrivé de sortir ensemble et dix fois de suite le neuf de cœur associé au dix de cœur et au dix de trèfle. On pourra sourire de ces exemples et pourtant... Il faut en tout cas noter en ceci l'importance de la convention mentale. Beaucoup de cartomanciennes connaissent mal le tarot ou les cartes et s'en servent bien. Il faut admettre que la convention mentale qui attribue par erreur telle valeur à telle ou telle carte est immédiatement saisie par l'infraconscient du consultant qui réagit en conséquence.

Quoiqu'il en soit, le XIXe siècle qui était pourtant une période de décadence des sciences psychiques, reconnut la valeur de deux supports pour les voyants : les cartes et le somnambulisme (lequel nous ramenait sans doute à la transe des Pythies).

Nous ne vous citerons à ce propos que deux exemples célèbres, celui de Mademoiselle Lenormand et celui d'Alexis Didier.

Née à Alençon le 27 mai 1772, Mlle Lenormand montra ses dons dans le couvent de Bénédictines chargé de son éducation. L'abbesse étant venue à mourir, elle prophétisa qu'une dame de Livardie lui succéderait, ce qui arriva. Placée à Alençon chez une couturière, elle s'échappa, vint à Paris et dans l'arrière-boutique d'une lingerie commença de donner des consultations. Il paraît qu'elle annonça dès lors la révolution de 89. Elle quitta bientôt la lingerie pour sa profession de Sibylle. En mai 1794, Robespierre et Saint-Just vinrent la consulter. Elle leur prédit qu'ils périraient sur l'échafaud et Robespierre la fit arrêter. Elle continua à prophétiser parmi les prisonniers et en sauva plusieurs, grâce au grand ou au petit jeu. La Vicomtesse de Beauharnais détenue au Luxembourg fit passer à la Petite Force des notes de Mlle Lenormand en la priant de prédire son sort et celui de son époux. Celle-ci annonça la mort du mari et le mariage de Joséphine avec un jeune officier appelé aux plus hautes destinées. Elle annonça en outre la chute de Joséphine. Evidemment, il n'y eut aucun Dr. Osty pour contrôler avec la sévérité la plus scientifique la réussite de ces prophéties, mais il est difficile de croire que les plus hautes intelligences de l'époque se seraient inclinées devant Mlle Lenormand si elle n'avait pas réussi au moins à les étonner par la justesse de ses prédictions.

Pour Alexis Didier, nous possédons une étude objective du Dr. Osty consacrée à ce modèle des voyants. Elle a paru dans la *Revue Métapsychique*. Le savant qu'était Osty était obsédé par l'idée d'une voyance qu'on pourrait reproduire à volonté et qu'on pourrait étudier scientifiquement comme un phénomène objectif. Cette voyance parfaite, Alexis Didier en donnait presque l'idée. C'était vers 1840, un acteur de théâtre au talent plutôt modeste, mais ses dons supranormaux ne tardèrent pas à l'arracher à sa profession. Le magnétisme était alors dans sa plus grande vogue et c'est sous l'empire du sommeil magnétique que Didier obtenait de prodigieux résultats. Il ne se contentait pas de voir les choses cachées du passé, du présent inconnu et de l'avenir, il faisait le diagnostic des maladies et prescrivait les médicaments. Cette dernière activité l'épuisait car il semblait prendre sur lui tous les maux de ces malades dont il décrivait les symptômes.

Naturellement, les plus grands salons s'arrachaient le voyant. Un jour, devant dix témoins, la Comtesse de Modène demande à Alexis en lui présentant une petite boîte : « Qu'y a-t-il à l'intérieur ? — Des cheveux. — De quelle couleur ? — Blonds. Ils viennent d'une femme. — Où est cette femme ? — Elle n'est plus sur la terre depuis bien longtemps... c'est Agnès Sorel... » Or la boîte renfermait un procès-verbal authentique précisant l'origine des cheveux. Il vous vient tout de suite à l'idée que Didier avait pu lire dans la pensée de la Comtesse de Modène par télépathie. Beaucoup de gens qui se refusent, en effet, à admettre l'existence de la voyance sont prêts à reconnaître que la télépathie est un phénomène courant. Or, le Dr. Osty et après lui M. Warcollier ont étudié la télépathie, c'est-à-dire la transmission de la pensée et ils en ont conclu qu'elle est beaucoup plus difficile à produire qu'on ne l'imagine. Certes, elle se produit spontanément et fréquemment entre proches mais elle est fort difficile à provoquer expérimentalement.

Il faut donc renoncer à expliquer les voyances inexplicables par une transmission de pensée. Certes, elle peut coexister avec la voyance, mais elle n'est pas plus aisée qu'elle et d'ailleurs Didier réussissait aussi bien dans les cas où personne n'était au courant du problème à résoudre.

Un jour, le Comte de Saint-Aulaire remet à Alexis un papier plié en quatre sous triple enveloppe. « Je veux bien deviner le contenu du pli, dit Alexis, mais vous devrez vous rétracter. — Jamais, dit le Comte dont le scepticisme était total. — Vous allez vous rétracter répète Alexis car sur le papier vous avez écrit : Je ne crois pas ! » C'était exact.

Plusieurs jours après le Comte de Broyés demande au voyant ce qu'il tenait renfermé dans sa main : « C'est un linge ensanglanté. — D'où provient ce sang ? — D'un grand personnage assassiné il y a plus de vingt-cinq ans... C'est le sang du duc de Berry. » Le Comte de Broyés fut stupéfait. Il était garde du corps lors de l'assassinat du duc, et il avait ramassé auprès du lit de l'agonisant une bandelette qu'il avait précieusement conservée en secret.

Si ce que nous avons dit de la télépathie ne suffit pas à écarter de votre esprit cette explication trop commode, voici qui va le faire.

Le célèbre prestidigitateur Robert Houdin se mesura avec Alexis. Il s'agissait de prouver à la fois que Didier n'était pas un prestidigitateur et qu'il lisait sans le secours d'aucune pensée puisqu'il *voyait* les cartes retournées dont personne ne connaissait la couleur. Et cette voyance fonctionnait assez régulièrement pour battre le plus grand prestidigitateur de tous les temps. Didier lisait tous les jeux à l'envers.

Autre expérience : Houdin atteint un livre, l'ouvre et prie Alexis de lire à huit pages de là, à une certaine hauteur. À travers le papier, Alexis lit ces mots : « Après cette triste cérémonie... » On trouve à la neuvième page le membre de phrase à la hauteur indiquée. J'ai vu pour ma part réussir une expérience de ce genre chez le Dr. Leprince. Il mit un couteau dans un livre fermé. Mme Rodiali lut sans regarder, à la page désignée par le couteau deux mots en Italien. Ils ne figuraient pas précisément dans le livre, mais dans le texte italien d'où le livre était traduit. Cette restitution produite par la voyance est assez singulière.

Il est intéressant de noter que le Dr. Gibier obtint, en 1887, avec un sujet magnétisé jusqu'à l'état de somnambulisme, la lecture d'ouvrages placés hors des yeux du sujet.

Mais revenons à Didier. Le 16 mai 1847, Robert Houdin signait une déclaration disant qu'il était tout à fait impossible que l'adresse et le hasard pussent jamais produire des effets aussi merveilleux, et les voyances de Didier se succèdent comme autant de miracles.

Alphonse Karr, de son côté, nous affirme qu'Alexis était capable de déchiffrer les cartes à l'envers et qu'il lisait dans les livres fermés souvent placés à une certaine distance de lui, par exemple dans une autre pièce. Ce phénomène est appelé par les métapsychistes la *cryptesthésie* ou sensibilité à ce qui est caché.

Parmi les innombrables témoignages en faveur d'Alexis, citons celui de M. E. Prévost, commissionnaire au Mont de Piété qui écrit au journal *Le Pays* pour lui conter comment le voyant lui permit de retrouver un homme qui lui avait volé deux cents mille francs. Alexis devina pourquoi on venait le consulter, le montant du vol, nomma le voleur, indiqua qu'il se trouvait à Bruxelles, à l'hôtel des Princes. La précision des renseignements tenait du conte de fées et l'on ne crut pas d'abord Alexis. Aussi ne chercha-t-on pas dans le sens indiqué. Pourtant, on retourna voir Alexis qui déclara : « Il perd tout son argent à la maison de jeux de Spa ; lorsqu'on l'arrêtera, il n'aura plus rien sur lui. » On l'y arrêta, en effet, au moment où il avait gaspillé tout le produit de son vol.

Chopin témoigne en faveur d'Alexis. Il raconte lui-même clans une lettre du 28 juillet 1849 adressée à son ami Grzymala comment Alexis retrouva un paquet contenant 25.000 francs, cadeau de Mme Erskine, lequel n'était jamais arrivé à destination parce que resté sous le globe de la pendule d'une concierge. M. Edouard Ganche, historiographe de Chopin, a reproduit cette lettre qui contient d'innombrables détails sur cette aventure.

De son côté, Dumas père, qui à cause sans doute de sa nature primitive, était très attiré par tous les mystères, témoigne en faveur d'Alexis dans une lettre adressée aux *Débats*. Notons, une partie d'écarté jouée par Didier les yeux bandés, la lecture à travers dix feuillets d'un livre, un diagnostic médical fait à distance, la description du contenu de paquets clos. Un jour, Dumas endormit Alexis sans le prévenir et par la seule force de sa volonté muette. Le choc avait été très rude et Alexis était tombé à la renverse comme foudroyé. Les métapsychistes d'aujourd'hui diraient que Dumas père était un médium projectif d'une extrême puissance, ce qui au demeurant ne saurait étonner.

À noter aussi que Didier, chez Dumas, avait voyagé en voyance aux endroits désignés par les consultants. Il se transportait au domicile de l'un d'eux et décrivait les modifications intervenues dans les lieux depuis que le consultant les avait quittés, ce qui écarte toute explication télépathique.

Quand le docteur Osty alors directeur de l'Institut Métapsychique, étudia vers 1920, la connaissance supra-normale, il eut toujours devant les yeux cet exemple extraordinaire dont les sujets examinés par lui demeuraient fort loin. Mais il étudia la métagnomie ou voyance à l'état brut. La faculté des sujets qu'il observait fut, sauf dans des cas rarissimes, laissée libre de se développer à peu près sans support, comme elle voulait et de choisir dans l'inconnu à révéler ce qui lui plaisait. En somme, c'est une remontée à la source de la connaissance supra-normale que faisait Osty et avec lui cette source n'était pas canalisée. Au contraire tous les exemples que nous a fournis le passé nous présentent des voyances canalisées par des techniques systématiques.

Nous n'entreprendrons pas ici une analyse des innombrables séances de voyance qui eurent lieu à l'Institut Métapsychique. Mme Detey, Jeanne Laplace, Pascal Forthuny, De Fleurière et quelques autres donnèrent de très belles séances où l'imprévisible était roi.

Mais cela ne veut pas dire qu'Osty étudiait les faits métagnomiques sans ordre et sans méthode. Autour de cette liberté laissée au médium, ses facultés d'analyse travaillaient activement à classer les phénomènes. À la suite du Dr. Sollier, Osty étudia d'abord les phénomènes d'autoscopie, cette étrange faculté qu'ont certains individus de voir et de décrire l'état de leurs propres organes et, par voie de conséquence, d'annoncer leur mort. Il ne s'agit pas là de neurasthénie mais de voyance pour soi avec notation des circonstances extérieures qui accompagneront le décès.

Le plus beau cas d'une voyance de ce genre est celui de Jean Vitalis rapporté par le Dr. W.-C. de Sermyn dans son ouvrage *Contribution à l'étude de certaines facultés cérébrales méconnues*. Ce Jean Vitalis était un homme robuste qui fut soudain atteint d'un rhumatisme aigu qui immobilisait toutes ses articulations. Or, à la suite d'un rêve où son père lui était apparu et lui avait enlevé, disait-il, ses maux en le touchant, il se réveilla un matin complètement guéri, mais il annonça aussitôt qu'il mourrait le même jour à 9 heures du soir, car son père décédé avait besoin de lui. Or,

Vitalis paraissait en parfaite santé, mais le Dr. R. appelé en consultation déclara que le cerveau était touché. Vitalis déjeuna de fort bon appétit. Ses gestes étaient d'une aisance parfaite. À 8 heures du soir, la famille était réunie dans sa chambre. Il causait et plaisantait le plus normalement du monde. Il avait, en souriant, réclamé un confesseur. Pour ne pas le contrarier, on lui avait administré l'Extrême-Onction, alors que sa santé paraissait excellente. À 9 heures du soir, Vitalis se coucha avec agilité sur son lit, embrassa les siens et dit : « Adieu, Adieu. » Il était mort, sans angoisse, sans râle. On pensa à une syncope, à la catalepsie, mais il fallut bien quelques jours après, enterrer le corps qui se décomposait.

Des faits de ce genre qui ne sont explicables que par l'autoscopie et la voyance sont beaucoup plus nombreux qu'on ne l'imagine et Osty le prouva.

Il prouva que des médiums pouvaient connaître l'état organique d'une personne quelconque, l'état affectif et intellectuel d'un consultant et les circonstances extérieures de la vie passée, présente et future. Nous citerons ici une expérience extrême qui établit que dans certains cas un médium est capable de prévoir l'avenir le plus indéterminé qui soit. Je m'explique : si un médium annonce par exemple que je serai reçu à un examen, alors que je suis certain de m'y présenter, c'est fort bien, mais c'est la prévision d'un avenir très possible, presque probable. L'expérience démontra au Dr. Osty qu'un médium pouvait prévoir des évènements dont la réalisation ne tient qu'à un fil imprévu. Voici l'expérience fameuse de la chaise vide qui l'établit. Je n'ai pas abusé des lectures jusqu'ici. Je me permets de vous lire le détail de l'expérience : Sous le contrôle toujours impartial du Dr. Osty, Forthuny réalisa par trois fois l'expérience dite « de la chaise vide » qui, à cause de son immense portée devrait être familière à tous les esprits cultivés d'aujourd'hui et qui pourtant demeure à peu près oubliée ou inconnue.

« Le 21 avril 1926, parmi les 150 chaises non numérotées. de la salle des séances de l'Institut Métapsychique, le sénateur Émile Humblot en désigne une au hasard, plusieurs heures avant l'ouverture du local au public. Forthuny prend la chaise qui lui a été indiquée, en tournant le dossier vers la fenêtre pour ne pas être incommodé par la lumière. Il s'y assied et dicte devant trois témoins, pendant trente minutes, un texte décrivant la personnalité de celui qui prendra place fortuitement sur ce siège.

« La séance a lieu et le public occupe les chaises au hasard. À l'heure fixée, la salle est pleine. Forthuny lit son texte à la dame qui s'est assise sur « sa » chaise.

« Elle s'émeut, elle s'y reconnaît clans sa personnalité, ses maladies, ses projets, l'initiale de son nom (M), les inimitiés dont elle souffre et de nombreux détails de sa vie exactement rapportées. »

Il est à noter que Pascal Forthuny réussit trois fois l'expérience de la chaise vide. À propos de ces expériences, on a émis l'hypothèse selon laquelle le médium aurait accroché dans l'invisible les personnes qu'il obligeait sans le savoir lui-même à venir occuper la chaise en question. C'est ingénieux mais cela ne pourrait rendre compte de certains cas extrêmes et ne semble donc pas à retenir.

Quelle que soit l'importance des innombrables faits mis en lumière par Osty, il nous faut renoncer à accumuler les exemples car le temps nous presse et je ne veux pas abuser de votre patience.

Osty a défini, lui-même, d'après Claude Bernard la marche du travail métapsychique. 1°) Il faut faire d'abord les constatations préparatoires (il les a faites). 2°) Il faut se livrer à une interprétation provisoire (il l'a fait ; il a supposé que les métagnomes plongeaient par leur infra-conscient dans une sorte de monde mental collectif où se trouve en virtualité tout ce qui a été pensé, connu, décidé, tout ce qui est, tout ce qui sera). 3°) En troisième lieu viennent d'après, Claude Bernard, les constatations vérificatrices ; il faut pouvoir reproduire les expériences à volonté et Osty ne le pouvait pas puisqu'il n'avait affaire qu'à une médiumnité non conduite. 4°) Vous savez qu'en quatrième lieu, d'après Claude Bernard, vient la phase finale de la recherche scientifique, l'interprétation définitive, au cours de laquelle l'induction formule les lois. Il semble que ce soit en somme ces troisième et quatrième phases qui restent surtout à parcourir au métapsychiste d'aujourd'hui.

Certes Osty a souvent abordé la troisième phase, mais d'une façon toute provisoire. Il a étudié les conditions les meilleures pour la production de la faculté de voyance, notamment par l'emploi de la psychométrie qui consiste à mettre dans les mains du sujet un objet provenant du consultant ou sa photographie (ce qui nous fait penser à la Mumie ou à l'homonculus de Paracelse) mais il dit lui-même : « Rare, très rare est la réceptivité à la pensée volontairement suggérée. » Ce qui revient à dire qu'on est pratiquement dans l'impossibilité de diriger la voyance.

Et c'est ici que tout ce que nous avons dit au début de cette causerie prend son sens. Il y a, en somme, deux formes de voyance. La voyance de hasard ou passive telle qu'elle se pratique le plus souvent actuellement en Occident et la voyance active ou positive ou dirigée par un support telle qu'elle se pratique encore en Orient, telle qu'elle se pratiquait un peu partout dans le passé et que nous la trouvons chez certaines peuplades primitives. À notre avis, la voyance dirigée ou positive est d'une qualité beaucoup plus intéressante, beaucoup plus valable que la voyance de hasard, laquelle accompagne souvent chez les sujets, des symptômes d'une désorganisation psychique. En tout cas, nous n'obtiendrons toutes les constatations vérificatrices désirables que si nous étudions ou reconstituons les techniques de support qui facilitent, orientent, dirigent la voyance en accroissant progressivement les pouvoirs des sujets doués.

Difficile direz-vous d'aller chercher dans un passé brumeux des techniques plus ou moins perdues ou oubliées. C'est d'accord mais une enquête contemporaine nous permet d'y voir déjà plus clair à ce point de vue.

Il y a quelques années, le colonel Caslant, à qui on doit tant de recherches fécondes touchant l'astrologie, avait proposé une méthode, ou plutôt l'esquisse d'une méthode, pour développer la voyance. Cette méthode était directement inspirée de certaines pratiques de l'hindouïsme.

La méthode comportait sept points essentiels. « L'opérateur isolait le sujet dans une pièce obscurcie et silencieuse. Les mains sur les yeux, le sujet était conduit au calme intérieur par le vide de la pensée. On faisait appel, pour l'aider, à des idées d'apaisement, de paysages calmes et monotones, d'étendues plates, à la résolution de balayer les soucis. »

On aidait ensuite le sujet à concentrer sa pensée sur des images mentales. On articulait, à cet effet, un mot concret et simple comme table, chaise, banc, etc. et on recueillait les images obtenues. On faisait peu à peu appel à des mots relatifs à des objets plus complexes comme maison, château, palais, etc. On demandait ensuite au sujet de circuler par la pensée dans cette maison, ce château, ce palais et de décrire ce qu'il voyait.

Enfin, on priait le sujet de s'élever par la pensée en s'aidant de l'image d'échelles, d'escaliers, de chars volants, etc. et de s'élancer en imagination dans l'espace.

Il était rare, d'après le colonel Caslant, que les sujets doués n'obtinssent pas ainsi des voyances remarquables.

La méthode de Caslant s'apparente, qu'on le veuille ou non, aux travaux liminaires des grands mystiques et des Yoguis. J'avertis tout de suite mes auditeurs qu'une telle méthode ne doit être utilisée qu'avec prudence, et nombre de chrétiens penseront que l'amour de Dieu est peut-être le support idéal.

Un autre moyen dont nous avons déjà parlé est l'emploi du somnambulisme. Là encore, il faut une étude très poussée et très précise pour obtenir des résultats. On nous dit partout que les sujets hypnotisés donnent peu de résultats. Il y a là, croyons-nous, une confusion. On confond hypnose et somnambulisme. L'exemple vient de haut puisque c'est Braid, le fameux Braid qui, après avoir hypnotisé un sujet avec un objet brillant, déclara qu'on n'avait plus besoin de magnétiseurs. C'est un peu vite dit.

Le Dr. Gibier qui s'y connaissait, distinguait plusieurs phases dans la magnétisation des sujets :

- 1° l'état de charme,
- 2° l'état cataleptique,
- 3° l'état somnambulique,
- 4° l'état léthargique.

Ce n'est qu'ensuite que viendrait le somnambulisme lucide. Et il est impossible que l'emploi de substances chimiques à dose massive produise un somnambulisme de qualité à cause de leur effet de choc.

Mais je suis persuadé que l'étude de certaines techniques primitives encore utilisées peut nous ouvrir la route qui nous conduira aux expériences positives et reproduisibles à volonté.

Nous avons déjà parlé des miroirs magiques. On sait que c'est grâce à eux que Frédéric Myers avait obtenu, en Angleterre, les résultats relatés dans son *Subliminal Self*. Voici un exemple de leur emploi systématique et pratique que j'emprunte au savant ouvrage du R.P. Trilles sur *les négrilles de l'A.E.F.*

Le père Trilles nous parle ici du devin, du prêtre négrille : « Un de mes « confrères » avait, par accident, brisé son miroir magique. Il était dès lors « exécré », bon à rien. Il fallait le remplacer. Grosse affaire ! En lui octroyant un miroir, un très beau, tout neuf, brillant et qui me revenait, prix coûtant, à 50 centimes au moins, je lui fis un sensible plaisir et m'acquis en même temps un ami sûr et fidèle.

« Après m'avoir remercié : « Il n'y a plus qu'à voir s'il sera bon. »

« — Évidemment, lui répondis-je, mais tu comprends, je l'ai choisi entre beaucoup, comme pour moi. Je serais bien étonné si tu n'en étais pas content !

« Avant de s'en servir, il fallait donc le consacrer. J'assistai à la cérémonie, assez longue. Le petit miroir fut placé sur un tronc d'arbre, recouvert lui-même d'une peau d'iguane, de manière à recevoir les premiers rayons du soleil levant. À côté de lui, le fétiche totémique de mon ami, son couteau, de l'eau bouillie dans une grande géode avec certaines herbes, entre autres l'ava et une salsepareille : les piquants de celle-ci devaient arrêter les voleurs découverts dans le miroir, l'eau les empoisonner. Également, tout autour, des plumes rouges de perroquet, deux astragales de cabri et un sifflet, pour appeler les esprits, le tout fait très soigneusement, rituellement.

« Au premier rayon du soleil, il prit une poule noire, par le cou, la balança de gauche à droite, puis de droite à gauche, et la fit ensuite tourner rapidement autour de sa tête jusqu'à ce que la tête du volatile lui restât dans la main, le corps pantelant projeté plus loin, marchant encore, ce qui fut observé soigneusement, car la direction importe beaucoup. En hâte, avec le sang qui s'échappait du cou, il aspergea le miroir, tournant trois fois autour et murmurant un chant magique. Il voulut bien, après la cérémonie, me redire le chant magique, mais en mimant de nouveau la cérémonie, car le chant ne doit pas être dit seul. Ce chant était, m'a-t-il paru, adressé au soleil. La signification en était très difficile à saisir : « Soleil, tu vois tout, la lumière pénètre partout. Enferme-la ici. » Il était ensuite question d'esprits qui devaient venir ou s'enfuir. Ce chant était très certainement très archaïque.

« Le négrille prit alors des graines de Monodora myristica, graines à saveur forte et piquante, et les mâcha longtemps, ainsi que des feuilles du même arbre, de manière à déterminer une salivation abondante.

« Avec sa salive, il délaya le sang qui avait jailli sur le miroir, et avec le petit doigt de la main gauche, s'en frotta les yeux à diverses reprises, chantant toujours et tournant dans le même sens. La tête de la poule fut déposée sur le miroir, les deux yeux arrachés et jetés dans la brousse. Puis, après un nouveau chant, ce fut fini pour le matin.

« À midi, le soleil au zénith, furent recommencés les mêmes chants, mais sans nouveaux sacrifices. Le soir, enfin, répétition du matin, sacrifice d'une nouvelle poule. Le petit homme reprit alors son miroir en me disant avec satisfaction : « Il sera bon, le sacrifice est agréé. » La preuve en était : les gouttes de sang qui s'étaient réparties à son entière satisfaction, et un oiseau qui, le soir, avait traversé juste au-dessus du miroir, où il s'était reflété. Présage heureux.

« À quelques jours de là, je me plaignais, bien par hasard, que dans mon très modeste bagage, on avait pris une boîte de conserves. Sans mot dire, il alla chercher son miroir magique, puis après quelques incantations, me déclara tout net : « Je vois ton voleur, c'est un tel », et il me désignait l'un des jeunes gens qui m'avaient accompagné. « D'ailleurs, regarde toi-même. » Et à mon grand étonnement, je vis, en effet, se refléter très distinctement les traits de mon voleur dans le miroir. L'homme, aussitôt interrogé, avoua qu'il était, en effet, le coupable. »

Le savant missionnaire croit devoir écarter la trop commode hypothèse d'une suggestion et ajoute :

« ...Dans un des voyages que nous fîmes avec Mgr. Le Roy, le féticheur du village où nous arrivions le soir, ne nous décrivit-il pas exactement le chemin que nous avions parcouru, les haltes faites, les rencontres diverses, le menu de notre repas, et même les conversations échangées. Une, entre autres, était particulièrement typique. Nous avions rencontré une petite tortue de terre. « Autant pour le dîner de ce soir », me dit Mgr. Le Roy, et moi d'ajouter en riant, car nous avions une faim féroce : « Au besoin, on y ajoutera la tête du guide ! » Or nous parlions en français, dont le féticheur ne comprenait pas un mot : Et sans bouger de son village, au vu et au su de tous, il nous avait « vus » dans son miroir magique, il redisait ce que nous avions dit.

« Et combien nous pourrions citer d'autres cas. Je cause un jour avec un féticheur négrille. (Mes pagayeurs devaient me rejoindre et m'apporter des provisions. Incidemment j'en parle à mon homme, me demandant : « Sont-ils encore bien loin, m'apportent-ils ce que j'ai demandé ? — Rien de plus facile que de te le dire ! » Il prend son miroir magique, s'absorbe, prononce quelques incantations. Puis : « En ce moment, les hommes doublent telle pointe de la rivière (c'était à plus d'un jour de pirogue), le plus grand vient de tirer un coup de fusil sur un gros oiseau, il l'a abattu, les hommes pagayent fort pour l'attraper, il est tombé dans l'eau. Ils l'ont pris. Ils t'apportent ce que tu as demandé. »

« De fait, tout était vrai, provisions, tir, oiseau abattu, et c'était, répétons-le, à un jour de là ! »

Voilà comment les témoins, quand ils unissent l'impartialité du savant à la bonne foi la plus entière, parlent des miroirs magiques.

Notons que, chez les Zoulous, d'après le P. Charlevoix et son *Journal Historique*, on allume des feux pour avoir des nouvelles des absents. On y jette des racines odorantes, le voyant mâche des feuilles et selon l'attitude des feux décrit le destin des voyageurs.

La *Revue Métapsychique* a souvent étudié ces techniques, primitives dont tel ou tel aspect ridicule ne doit pas rebuter le chercheur et le savant dignes de ce nom.

Un Français, le Comte Léon de Laborde, orientaliste distingué et Membre de l'Institut, a étudié presque en même temps que l'Anglais William Lane certains procédés de voyance chez les Arabes. Leurs deux ouvrages ont paru dans la première moitié du XIXe siècle, et César de Vesme les a analysés dans un savant article de la *Revue Métapsychique* paru en 1931. Le magicien étudié était un certain Cheik Abd-el-Kader-el-Moghrébi, du Caire. Il traçait dans la main des enfants, — de certains enfants choisis pour leurs dons — un carré entremêlé de lettres et de chiffres. Sur ce carré, le magicien versait une encre épaisse. Il versait sur le feu des ingrédients propres à produire des fumigations et poussait l'enfant à voir, dans l'encre versée sur sa main, certaines images définies par exemple un soldat turc balayant une place. Pendant ce temps, il prononçait force formules consacrées. Le soldat turc apparaissait à l'enfant qui était capable ensuite de décrire n'importe quel personnage sur commande. L'enfant était comme ivre.

Un jour, Laborde demanda l'apparition de Lord Nelson. L'enfant annonça : « Un messager est parti et amène un homme en noir comme les Européens. Il a perdu son bras gauche. » L'enfant s'arrêta quelques instants puis regardant l'encre avec plus d'attention, il dit : « Non, il n'a pas perdu le bras gauche, il l'a devant sa poitrine. » Or, Nelson avait coutume de porter attachée sur sa poitrine, la manche du bras qu'il avait perdu à Tenerife. Ce n'était pas cependant le bras gauche, mais le bras droit. Lane, sans rien dire de cette erreur, demanda au magicien, si les objets paraissaient dans l'encre comme s'ils étaient devant les yeux ou comme dans un miroir. Comme dans un miroir, répondit le magicien. Ce qui expliqua l'erreur de l'enfant. L'image était inversée. Cet enfant n'avait jamais, bien entendu, ouï parler de Nelson dont il ne pouvait pas prononcer le nom.

Pour avoir le cœur net de tout cela, Laborde se fit communiquer par le magicien et pour une bonne somme d'argent, ses procédés et provoqua lui-même sur les enfants la fameuse voyance avec l'encre comme nous venons de la décrire. Il obtint même aussi pour un interprète du Consulat de France au Caire le signalement d'un voleur qui lui avait dérobé un manteau.

Laborde conclut ainsi son enquête : « De toute cette concordance d'observations, il résulte un fait bien positif, c'est que sous l'influence d'une organisation particulière, et par l'ensemble de cérémonies au milieu desquelles il est difficile de distinguer celles qui aident à l'opération de celles qui n'en sont que le cortège d'apparat, des enfants, sans aucune préparation (il les choisissait lui-même dans les bas-quartiers du Caire) sans fraude aucune, voient dans le creux de leur main, avec la même facilité qu'à travers une lucarne, des hommes se mouvoir qui se produisent à leur commandement et dont ils conservent le souvenir après l'opération. »

Il y avait en somme trois éléments à retenir :

- 1°) Des dessins et des lettres ;
- 2°) la formule des invocations ;
- 3°) des fumigations. Il faut ajouter que Laborde avait sans doute des pouvoirs psychiques.

De telles méthodes ont encore un autre mérite celui d'aller tout droit à ce qui constitue en quelque sorte le noyau d'une voyance valable et qui s'appelle le cliché, l'image mentale. Tous les supports conduisent à l'image mentale, cette image rappelons-le, peut être aussi bien sonore que visuelle, olfactive que sonore. Par exemple Pascal Forthuny, passant près d'une dame qu'il ne connaît pas a le cliché d'une odeur d'absinthe : la dame s'appelait Pernot.

Il faut bien se garder de confondre le cliché avec l'intuition, le pressentiment qui est une sorte de voyance diluée, flottante, une opération déjà consciente qui n'a pas la valeur objective du cliché. On peut dire sans crainte de se tromper que les clichés ne mentent jamais, alors que les intuitions fourmillent d'erreurs mélangées à des demi-vérités.

Lorsque nous aurons remis en honneur les méthodes qui font apparaître le cliché à l'état pur, nous aurons remplacé la voyance de hasard par la voyance positive et nous pourrons commencer seulement à étudier le prodigieux phénomène qui fait surgir devant la transe du voyant une image prise sur le vif, dans un passé ou un avenir particulièrement inactuel.

La prémonition, cette voyance qui se promène avec aisance dans un avenir improbable, a soulevé des discussions métaphysiques passionnées car pour qu'on puisse lire l'avenir, il faut supposer qu'il existe déjà quelque part sous une forme invisible. Schopenhauer et quelques philosophes ont prétendu que la voyance nous arrache à l'univers des trois dimensions pour nous introduire dans un monde à quatre dimensions, le temps étant en quelque sorte cette quatrième dimension explorée par le métagnome. Dom Néroman a fait sur cette question, une conférence qui n'a pas été oubliée[1]. Laissons de côté pour aujourd'hui ces explications abstraites qui nous entraîneraient hors de notre propos et donnons sur ce point l'opinion de l'occultisme traditionnel qui déclare que la prédestination n'est pas complète, que l'avenir est inscrit dans l'invisible sous forme de virtualités plus ou moins réalisables entre lesquelles notre destin et aussi nos intentions feraient un choix sous l'œil de la Providence et c'est pourquoi beaucoup de prémonitions, non sans valeur, ne s'accomplissent pas !

Notre conclusion sera celle-ci : À moins d'être un grand inspiré, ne faites pas de voyance sans support. Et même dans ce dernier cas, utilisez le support mental d'un symbole. Sans support, votre médiumnité risque de demeurer passive, incertaine, en proie à bien des pièges ; que votre faiblesse humaine emploie un support, par exemple une mancie dont vous userez dans l'esprit le plus pur et le plus charitable. Peu à peu cette charité vous permettra de vous passer plus souvent de cette canne qu'est le support mécanique et la prière pourra vous ouvrir, jour à jour, les hauts plans de l'esprit où l'invisible devient visible sous le regard et avec l'aide de Dieu.

René Trintzius

---

1. « Voyance en quatrième dimension ». Elle paraîtra prochainement dans la Collection des « Conférences Initiatiques ».

LES ARTS DIVINATOIRES

PAR PAPUS

INTRODUCTION

Une personne « sérieuse » peut-elle étudier les Arts divinatoires ?

On étudie soigneusement les formes et les couleurs des végétaux et des animaux les plus divers, que ce soient des mollusques ou des baleines, des zoophytes ou des éléphants, mais dès qu'on parle de chercher pour les hommes une classification naturelle dérivée de la constitution actuelle de l'espèce et non des origines proposées par MM. les Ethnographes, tous les savants de s'écrier : Charlatanisme - Folie - Erreur !

Eh quoi ! l'on a classé les végétaux presque exclusivement d'après la constitution de l'embryon ou des organes génitaux, l'on a classé les animaux d'après l'existence, la non-existence ou les modifications du squelette et parce qu'un observateur viendra proposer une classification des hommes d'après la forme de leurs traits, d'après les nuances du teint dans la race blanche, d'après le geste révélé par l'écriture, on dira, sans vouloir s'en référer à l'expérience, « impossible » oubliant que ce mot n'est pas français.

Mais à côté de ces prétendus hommes de science, détracteurs par tempérament des idées nouvelles, se rencontrent encore bien d'autres adversaires des « Arts divinatoires ». Parlons tout d'abord des spécialistes.

Un individu a passé la moitié de son existence à étudier la forme des orteils chez ses contemporains.

Pour lui toute classification des hommes non basée sur la forme des orteils est « fantaisiste ».

Or, d'autres individus ont consacré la plupart de leurs facultés intellectuelles à l'étude du geste fixé par l'écriture ou *graphologie*. Si vous proposez à ces subtils observateurs d'aller un peu plus loin et d'étudier la *forme* de cette main qui trace l'écriture, ils répondent avec une touchante unanimité

« Vous sortez-là, monsieur, des bornes scientifiques, la graphologie est une SCIENCE, tout le reste n'est que puérilité. »

Or l'étude des orteils est une science aussi, pour le spécialiste, tout comme l'étude de la bouche était une science par le créateur de la *Buccomancie*.

La vérité est que toute recherche cantonnée dans l'analyse d'une des manifestations de l'homme conduit à des résultats justes et que la manière de porter son chapeau, correspondra à la manière de marcher dans la rue, comme à la manière d'écrire, comme à la forme de la main ou à la forme des traits.

L'homme manifestant à l'extérieur de mille façons l'*Unité de sa Conscience*, il est sûr que l'étude de chacune de ces mille manifestations conduira à cette Unité par une voie différente.

Or, loin de voir dans ces recherches des détails plus « scientifiques » les uns que les autres, nous prétendons que, pour un philosophe, ils se valent tous et qu'il faut laisser les sectaires et les myopes intellectuels se disputer les coins d'analyse pour s'élever franchement jusqu'à la synthèse et contrôler les données de la graphologie par les enseignements de la physiognomonie et les déductions de la Buccomancie par les traditions de la Chiromancie.

Il faut avoir le courage d'appeler les choses par leur nom et de se souvenir que « *la Science Occulte* » enseignée jadis dans les sanctuaires d'Egypte et de Grèce abordait avec soin l'étude de la Divination sous tous ses aspects. Témoin l'aventure de Socrate et du physiognomoniste (voy. Classiques).

Et c'est maintenant qu'il nous faut répondre à ceux qui, débutant dans l'étude de ces sciences occultes, dont on s'occupe fort aujourd'hui, prétendent aussi diviser ces études en « partie sérieuse » et « partie folâtre ». Lire dans la main, pour ces ignorants, c'est « rabaisser » ces augustes recherches mais prononcer devant des bourgeois ébahis le mot « Kether » ou évoquer les influences de la sixième séphire « Tiphereth », c'est rendre à ces recherches le « lustre » dont elles sont dignes.

N'en déplaise à ces messieurs, je pense que l'étude des lignes de la main est aussi « scientifique » que celle des Séphiroth et, après avoir déterminé une classification rationnelle de la Kabbale dans l'ensemble de la tradition hébraïque[1], après avoir retrouvé la clef mathématique de la construction cher aux abstracteurs de quintessence[2], je ne pense pas « rabaisser » le moins du monde la Science occulte en m'occupant de la forme des traits de l'homme ou des rapports du teint avec les impulsions psychiques.

La Vérité est qu'on blâme souvent ce qu'on ignore et les modernes « professeurs d'envoûtement » qui prennent des petits airs pincés quand ils voient lire dans la main, avouent à leur insu l'insuffisance complète de leurs connaissances en occultisme.

La Science occulte est « SYNTHÉTIQUE » et le sera toujours, malgré les efforts de ceux que cela paraît gêner.

Mais pour éviter les fausses appréciations, pour réduire à leur juste valeur les prétentions des pédants et des vaniteux, il est nécessaire que chacun puisse être à même de connaître les éléments de ces études pratiques qu'ils semblent dédaigner.

Puis, l'on me permettra de parler par expérience, un homme à qui vous dites, sur l'inspection rapide de sa main, les tendances les plus cachées de son caractère, ainsi que les événements les plus marquants de son passé avec la date exacte, est plus prés de s'intéresser à ces études que l'individu devant qui vous tenez les raisonnements les plus subtils.

Ce n'est pas sans raison que les créateurs du livre de Toth-Hermès-Trismégiste, ont placé le bateleur en tête de toute révélation. En mode religieux, le miracle n'est-il pas le plus péremptoire des arguments ?

Aussi lorsque le *Figaro* m'a prié de faire pour ses lectrices un résumé des « Arts divinatoires », ai-je accepté la proposition avec empressement. J'étais persuadé d'amener par là à nos études plus d'adeptes que par tout autre propagande. Le fait est venu confirmer ma prévision.

Et maintenant, chères lectrices, j'ai réuni, sur la demande de beaucoup d'entre vous, ces quelques notes en une brochure, prélude d'un volume plus important et je vous convie toutes à l'apostolat de la Science sacrée.

PAPUS

---

1. La Kabbale, 1 vol. in 8°
2. Le Tarot des Bohémiens, 1 vol in-8°

GRAPHOLOGIE

La conduite dans le monde ou la lettre M.

Dans l'influence qu'exerce un individu sur le milieu extérieur apparaît sans déguisement le caractère intime. Or, la lettre M, soit qu'on l'écrive avec deux jambages, soit (ce qui est le plus fréquent) qu'on lui donne trois jambages, nous révèle facilement le secret désiré.

Le premier jambage représente celui qui écrit, le second jambage représente les autres hommes (quand il n'y a que deux jambages à la lettre). Mais les enseignements sont plus détaillés quand le M a trois jambages. Dans ce cas, le premier représente la personne qui écrit, le second son ami intime et le troisième les personnes indifférentes.

Regardez maintenant la hauteur respective des jambage du M.

L'orgueilleux pur, celui qui veut toujours avoir la première place dans un salon, fera un premier jambage énorme, un second plus court (l'ami intime), et un troisième encore plus court (mépris des indifférents).

Le politique, celui qui sait toujours se tirer d'affaires, fera un premier jambage assez grand, un second très court et un troisième un peu plus long que le second, mais pas si long que le premier. C'est-à-dire qu'il écrasera son ami intime entre le milieu extérieur et sa propre personnalité, quand les circonstances l'exigeront.

Le naïf, doué d'un excellent coeur, mais qui, toute sa vie, se laisse mener par le premier ami venu, se fera tout petit devant cet ami intime autant que devant le milieu extérieur, c'est-à-dire que les jambages du M iront en augmentant de grandeur à partir du premier qui sera court.

On peut ainsi avec cette simple division : la personne qui parle (1er jambage), la personne à qui l'on parle (2e jambage) et la personne de qui on parle (3e jambage), faire de curieuses applications qu'on verra justifiées par l'expérience huit fois sur dix au moins.

Le caractère général ou la lettre T.

Le *t* se compose de deux parties. La ligne verticale, qui représente la fatalité, tout ce qui est immuable, et la barre horizontale, qui indique l'influence de la volonté humaine sur cette fatalité.

De plus, il faut savoir encore que la partie supérieure de la ligne verticale du *t* se rapporte à tout ce qui est idéal, théorique et abstrait, au ciel, et la partie inférieure de cette ligne verticale se rapporte à tout ce qui est matériel, pratique et concret. Nous pouvons maintenant juger en toute connaissance de cause le caractère de nos correspondants.

L'optimiste barrera son *t* de bas en haut, c'est-à-dire de la terre au ciel ; l'idéaliste pur, le poète barrera son *t* tout à fait dans le ciel (souvent au-dessus de la ligne initiale). Le pessimiste barrera son *t* de haut en bas. La ligne commencée en plein idéal viendra toujours se terminer dans les tristes réalités de la vie terrestres.

L'homme pratique se gardera bien de se perdre dans le rêve ; aussi son *t* sera-t-il barré au-dessous du milieu, c'est-à-dire en pleine réalité.

Grâce à cette théorie très simple, on peut voir très rapidement les tendances gaies ou tristes du caractère.

La volonté ou la lettre T.

Si le *t* indique le caractère général, il donne aussi de précieux enseignements sur le plus ou moins de volonté que possède un individu.

Il suffit à cet effet de considérer la barre horizontale au point de vue, non plus de sa position, mais bien de sa grosseur. La partie appuyée indique le moment où la volonté est maximum ; la partie déliée indique, au contraire, le moment où l'imagination l'emporte sur la volonté.

Ainsi une personne qui barre son *t* par un trait appuyé au début et finissant en pointe a une volonté au début d'une action et n'en a plus ensuite.

Au contraire, un individu qui termine sa barre du *t* par un gros trait ne manifeste de la volonté qu'à la fin de ses entreprises.

Celui qui enveloppe la ligne verticale du *t* dans une boucle terminée par une barre ascendante n'admet pas la Fatalité, il veut tout emporter dans les élans de sa volonté ; aussi est-ce très souvent un incorrigible entêté.

L'Entêtement.

Enfin, la barre du *t* uniformément appuyée indique une volonté constante et soutenue. L'absence de barre manifeste l'absence de volonté et la barre est d'autant plus longue que l'imagination l'emporte sur le sens pratique.

La discrétion ou la lettre O.

Les lettres *o* ou *a* se rapportent, dans la symbolique graphologique, à la bouche.

Un individu parlera plus ou moins, suivant qu'il ouvrira ou fermera plus ou moins ses *o* ou ses *a*.

Ainsi l'expansif, celui qui a besoin malgré tout d'un confident, d'un ami intime à qui livrer ses secrets ne pourra jamais fermer un seul de ses *a* ou de ses *o*.

Un tel individu préférera de beaucoup la vie du dehors et les voyages au pot-au-feu et à la vie de famille.

Par contre, celui qui ferme tous ses *o* et tous ses *a* est discret et ami de son « intérieur » ; il l'est même souvent trop.

Généralement, il s'établir une sorte de moyenne entre les lettres fermées et les lettres ouvertes ; mais chez un expansif les lettres ouvertes domineront toujours, et chez un méditatif, un défiant, ce sera le contraire.

Comment on s'habille ou la lettre D.

La lettre *d* se compose de deux parties principales : la base et la barre verticale. La base ronde ou elliptique, ouverte ou fermée, a les mêmes significations que l'*o* ou l'*a* (discrétion ou indiscrétion) et représente l'individu lui-même. La barre verticale représente, au contraire, le port extérieur, la tenue mondaine et, par la suite, l'habillement.

Voici la série générale indiquée par les différentes formes de la boucle du *d*.

L'homme officiel, toujours correctement redingote, se manifeste par une barre entièrement verticale et sans boucle ; c'est le *d* classique.

L'employé de commerce, orné d'une cravate supposée irrésistible, contourne sa boucle en colimaçon ; cela est d'aussi mauvais goût que sa tenue.

L'artiste qui ne s'inquiète nullement de sa tenue fait un paraphe très simple, sans aucune prétention.

Enfin, l'homme aux costumes excentriques, aux étoffes voyantes et aux vestons de coupe bizarre, renverse simplement sa barre du d. Il le trace comme il s'habille : caricaturalement.

De l'ordre ou la lettre I.

Voulez-vous savoir comment la personne qui vous écrit entend l'ordre ? étudiez sa façon de faire la lettre *i*.

Le corps de la lettre représente le meuble, le point placé sur la lettre représente l'objet qui doit normalement se trouver sur ce meuble et, enfin, le mot dans lequel est contenue la lettre *i* représente la chambre toute entière.

Il est maintenant facile de juger notre écriture. Celui qui oublie ses points sur l'*i* n'a pas d'ordre. Celui qui fait de gros points bien placés directement sur le corps de l'*i* est un méticuleux chez qui tous les objets sont bien placés sur le meuble qui doit les supporter.

Par contre celui qui met le point de l'*i* sur la lettre suivante a de l'ordre dans ses tiroirs, mais n'a aucun ordre sur sa table de travail.

Enfin, celui qui met le point de son *i* non plus sur la lettre suivante, mais bien sur le mot suivant celui où est contenue la lettre *i*, n'a d'ordre que par accès et, entre deux de ces grandes transformations, les objets sont toujours... dans la chambre à côté.

Dernières considérations sur la Graphologie.

Le système de graphologie que nous avons présenté est très général et, par suite, ne donne aucun des nombreux détails qu'on trouve dans les ouvrages spéciaux. Ajoutons, cependant, quelques considérations à cet égard.

La franchise se voit aux mots grossissant et le mensonge aux mots diminuant et s'amincissant du commencement à la fin. Les égoïstes font des paraphes à concavité inférieure, ramenant ainsi vers le commencement du mot le trait qu'ils tracent à la fin.

Les avares économisent le papier autant que leurs sous. Une lettre d'avare se reconnaîtra au premier coup d'oeil. Il n'y a pas de marge, la lettre commence tout en haut de la page pour finir tout en bas et l'écriture est aussi rapetissée que possible. Au contraire, les prodigues gâchent leur papier et arrivent à ne mettre que quatre à six lignes par page, avec des blancs et des marges énormes.

Les gens méticuleux et aimant la clarté terminent toujours les phrases par un petit trait et font beaucoup de paragraphes.

Les poètes séparent toutes leurs lettres ou, au moins toutes leurs syllabes, les savants et les raisonneurs réunissent en un tout non seulement leurs syllabes, mais encore leurs mots. Cette division de la graphologie en intuitifs et déductifs est le fondement même de la méthode de l'abbé Michon, et rappelle exactement la division des doigts en lisses et noueux, donnée par le capitaine d'Arpentigny dans le même sens.

CHIROMANCIE

Qu'est ce que la Chiromancie ?

Les petites bohémiennes à qui vous demandez, sur les grandes routes d'Espagne, de vous dire l'avenir, ou les « professionnelles » à qui vous demandez le même service à Paris, prennent votre main gauche et déchiffrent, plus ou moins habilement, les hiéroglyphes tracés en lignes bizarres sur la paume de cette main gauche.

La chiromancie est, en effet, l'art de lire le caractère des gens en étudiant les lignes de la main. Dans ce dernier siècle, le capitaine d'Arpentigny a créé un art nouveau qui consiste à étudier, non plus les lignes mais *la forme* de la main ; de là, le nom de chirognomonie donnée à cette branche nouvelle de la divination sélective.

Alexandre Dumas fils a illustré la chiromancie, dont il est aujourd'hui un des maîtres les plus éminents. Desbarolles a restauré cet art en en appliquant les lois et en cherchant à vérifier par l'expérience les enseignements de la tradition.

Les données que nous fournirons à nos lecteurs seront très générales, mais permettront de voir les tendances qu'on peut avoir vers l'art ou vers la science, les chances qu'on a d'être riche ou de faire un mariage d'amour ; à quel âge arriveront les grands changements dans la vie, etc., etc. Pour des questions de détails, nous renverrons aux auteurs « classiques ». De nombreuses gravures aideront, du reste, à comprendre les divers points de notre exposition.

Division générale de la main.

Considérez votre main gauche et voyez bien le médius, ce grand doigt qui dépasse tous les autres. Il représente la Fatalité, et il se continue dans la main par une ligne verticale qui se nomme la **Saturnienne** ou ligne de Fatalité. Voilà l'image de la route que l'homme doit parcourir durant son existence.

Mais, remarquez qu'à droite du médius il y a deux doigts : l'annulaire et l'auriculaire. Le premier, Apollon, représente l'art et la fortune ; le second, Mercure, la science et le calcul dans toutes ses applications (commerce, jeu et aussi en mauvaise part, vol). — Art et science, ce sont les deux tendances abstraites de l'être humain.

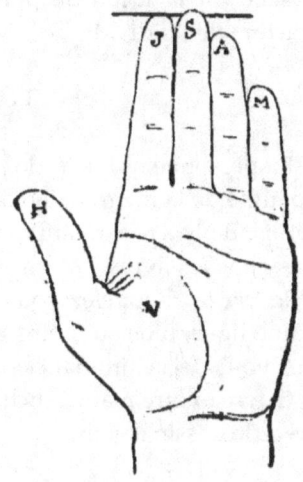

A gauche du médius existent aussi deux doigts : l'indicateur et le pouce. L'indicateur (Jupiter), c'est l'ambition matérielle dans toutes ses modalités et le pouce (l'homme lui-même), c'est la volonté tenace, la froide logique et le courage caractéristique de l'homme. Aussi, les Romains coupaient-ils le pouce aux lâches ; de là, le nom de *pollice trunco* (poltron)

Pour tout résumer, au milieu de la main, nous trouvons la Fatalité. A droite de cette Fatalité, les tendances abstraites (art ou science) ; à gauche les tendances positives (ambition pratique et logique).

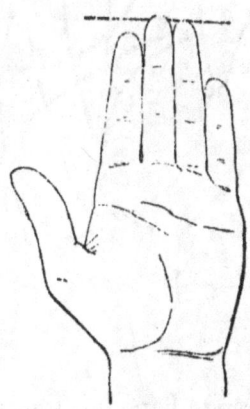

Pour porter un premier jugement sur un individu, voyez quel est le doigt le plus long par rapport à son médium pris comme point de repère. Si l'indicateur dépasse l'annulaire, l'individu considéré préfère le positif à l'idéal, l'argent à la gloire.

Si, au contraire, l'annulaire dépasse l'indicateur, l'individu préfère la théorie à la pratique, les fumées de la gloire aux solides réalisations de l'argent.

Telle est la façon de porter un premier jugement synthétique sur le caractère de l'individu.

Les lignes de la main.

La personne qui regarde pour la première fois les lignes qui parcourent la paume de la main se demande comment on peut se reconnaître en un tel fouillis. Il n'y a cependant rien de plus facile. Laissons-là les procédés indiqués dans les livres, l'M plus ou moins marqué et tous ces détails ennemis de la clarté. Rappelez-vous simplement que vous avez cinq doigts, et qu'une ligne, plus ou moins bien indiquée, part de chacun de ces doigts, et vous voilà déjà chiromancienne émérite.

Ouvrez votre main gauche, posez-la sur une table, la paume en haut, et suivez le dessin ci-joint.

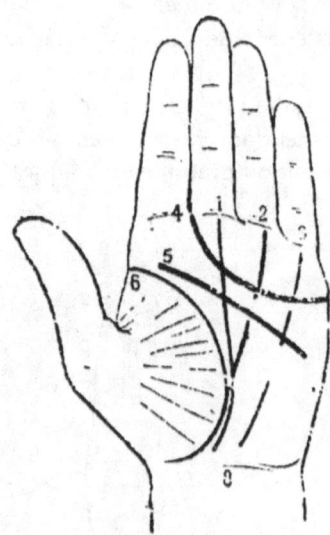

Du médius part une grande ligne qui traverse verticalement toute la main : c'est la ligne de Fatalité, la *Saturnienne* (**1**), celle qui vous indiquera les changements intervenus dans le cours de votre existence. De l'annulaire part (chez les personnes douées pour l'art) une autre ligne verticale, souvent réduite à un petit trait (**2**). De l'auriculaire part la *ligne d'Hermès ou de l'Intuition* (**3**) chez les personnes impressionnables. Toutes ces lignes sont verticales.

Mais revenons à l'index et remarquons la belle ligne, horizontale presque, qui aboutit à ce doigt. C'est *la ligne du coeur* (**4**), sur laquelle nous verrons vos chagrins d'amour, mesdames, et vos infidélités, messieurs.

Au-dessous de cette ligne de coeur et, horizontale aussi, nous verrons la ligne de la volonté, la *ligne de Tête* (**5**).

Enfin, tout autour du pouce, la fameuse *ligne de Vie* (**6**) qui donne quelques indications sur la santé, mais jamais sur la durée de l'existence, ce qui serait trop commode pour les sociétés d'assurances.

En résumé, trois lignes verticales : *Saturnienne* (**1**), *d'Apollon* (**2**), et *d'Hermès* (**3**), c'est-à-dire de fatalité, d'art et de science. Trois lignes horizontales : *de Coeur* (**4**); *de Tête* (**5**) et *de Vie* (**6**) ou mieux de santé.

Voilà toute la science des bohémiens. Apprenons maintenant à lire ces hiéroglyphes.

Fatalité et Volonté.

Vous souvient-il de ce que nous avons dit concernant le *t* ? La barre verticale indiquait la Fatalité et la barre horizontale indiquait au contraire, l'influence plus ou moins grande de l'homme sur la fatalité. Il en est de même de la main.

Regardez la belle **croix** que forment la ligne de Fatalité partant du médius et la ligne de tête qui prend naissance à côté de la ligne de vie tout prés du pouce.

Le grand symbole du catholicisme est, en effet, la traduction la plus élevée de toutes les vérités : la lutte continue entre le Destin aveugle et l'homme éclairé par la Foi.

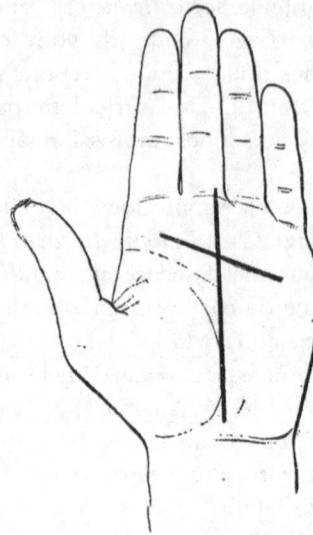

Si dans une main, la volonté est plus profondément indiquée que la fatalité, vous avez affaire à un individu qui barre fortement ses *t* et qui, par suite, subordonne la vie toute entière à l'action.

Si au contraire, la ligne de fatalité est profondément creusée et que la ligne de tête soit grêle, vous vous trouvez en présence d'un être qui s'inclinera toujours devant le destin et qui acceptera sans protester tous ses décrets.

Aux personnes qui vous diront que les lignes de la main dépendent des occupations courantes, faites remarquer que les nouveaux-nés possèdent intégralement toutes leurs lignes. Ils n'ont cependant pas encore choisi de profession.

Les Âges et les Évènements.
(Saturnienne.)

Vous pouvez parfaitement voir dans les mains les principaux événements qui sont survenus ou qui surviendront dans le cours de l'existence et dire presque sûrement l'âge de la personne au moment de l'arrivée de ces événements. L'expérience (faite personnellement sur plus de 3,000 mains) montre que les faits concordent avec la théorie huit fois sur dix (80%).

Pour arriver vite à ce fait, souvenez-vous que la ligne de Fatalité, verticale, coupe, dans son trajet, deux lignes horizontales, la ligne de tête dont nous venons de parler et la ligne coeur, plus haut.

Cette ligne de Fatalité indique le cours de l'existence et l'existence humaine est échelonnée sur une série d'années qui déterminent l'âge de la personne. Or, les deux points de croisement de la saturnienne avec les autres lignes correspondent à des âges bien déterminés.

La rencontre de la Saturnienne et de la ligne de tête indique vingt ans, la rencontre de la Saturnienne et de la ligne de cœur indique quarante ans. En divisant en deux moitiés l'espace qui sépare la ligne de tête de la ligne de cœur, on obtient trente ans.

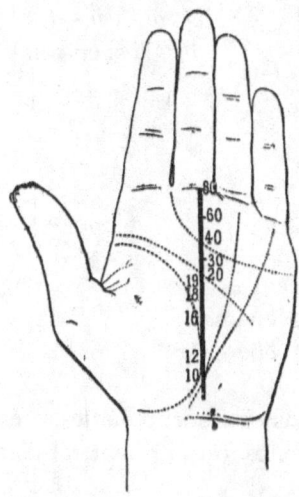

C'est d'après la direction des petites lignes qui croiseront la Saturnienne à ces diverses hauteurs que nous allons pouvoir déterminer le caractère des changements survenus pendant l'existence.

Caractère des évènements.

Souvenons-nous que les deux doigts placés *à droite* du médius et toute la portion de la main sous-jacente indiquent les tendances abstraites et que les doigts et la portion de la main placés *à gauche* de la ligne de Fatalité et du médius (index et pouce) indiquent les réalisations matérielles, les accroissements de fortune ou de bien-être physique.

Si donc nous voyons une ligne traverser la Fatalité, rendons-nous bien compte de la direction de cette ligne.

Ainsi considérez la figure ci-jointe.

Une ligne coupe la Fatalité un peu au-dessus de la ligne de tête et se dirige vers l'annulaire (Apollon). Qu'est ce que cela veut dire ?

Un peu au-dessus de la ligne de tête, cela veut dire un peu au-dessus

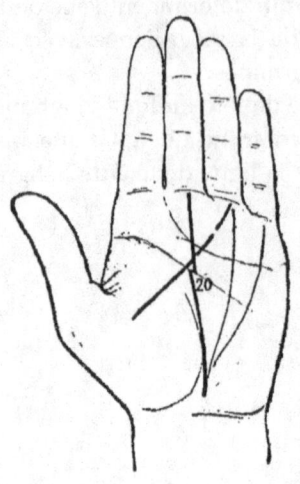

de 20 ans — vers 25 ans dans le cas actuel.

La direction vers Apollon indique une tendance artistique.

La Fatalité coupée indique un changement de position vous résumez donc tout cela en disant :

A 25 ans, vous avez changé de position et vous vous êtes adonné à l'art.

C'est en combinant :

- 1° l'âge de l'évènement ;
- 2° la direction de l'évènement ;
- 3° le caractère de l'évènement

qu'on arrive à dire des choses surprenantes. C'est on ne peut plus facile et, avec deux jours d'exercice, on parvient rapidement à de très curieux résultats.

Les coups de chance.

Quand une ligne est accompagnée d'une ou plusieurs autres lignes annexes, cela indique un accroissement des indications données par cette ligne.

Ainsi beaucoup de personnes se figurent que pour avoir une vie heureuse il faut que la ligne de Fatalité soit toute droite et très marquée. Vous ne trouverez une telle ligne que dans la main des personnes qui, depuis l'âge de raison jusqu'à la mort, ont une vie toujours pareille et sans le moindre évènement. C'est là le bonheur du mollusque.

Généralement, au contraire, la ligne de Fatalité est coupée et chacun des sauts de cette ligne indique un évènement important. De plus, chaque fois que de petites lignes accompagnent la ligne de Fatalité, cela indique un accroissement de chance, en gloire si les petites lignes sont à droite, en fortune si les petites lignes sont à gauche.

Ainsi, prenons comme exemple la figure ci-jointe.

A 20 ans, changement de position avec succès de gloire. (la Saturnienne saute à la rencontre de la ligne de tête — 20 ans — et de petites lignes

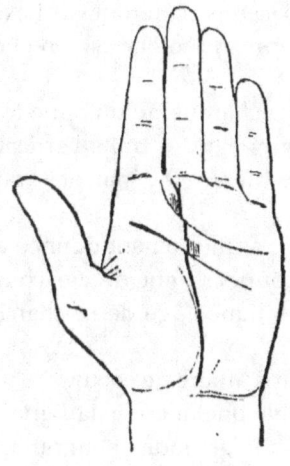

apparaissent sur la droite.) *A 30 ans, nouveau changement de position. — Période difficile de 30 à 40.*

(La Saturnienne saute au milieu de l'espace compris entre la ligne de tête et les lignes de coeur — 30 ans — Les petites lignes disparaissent.)

A 40 ans, coup de chance et fortune (les lignes reparaissent à gauche).

Mariage d'amour.

L'amour, quoi qu'on en dise, exerce toujours une influence prépondérante sur l'esprit féminin. Voyons donc les traditions de la science secrète au sujet des signatures d'amour aux point de vue de la chiromancie.

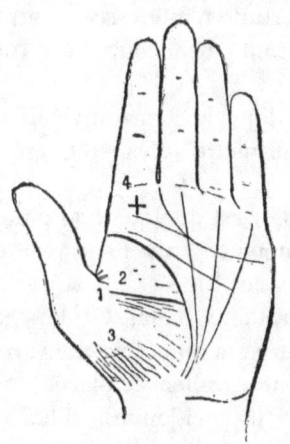

Commençons par le mariage d'amour.

Voyez sous le doigt indicateur (Jupiter) cette belle croix qui vous frappera certainement (4). C'est là l'indice s'un mariage d'inclination assuré. Mais prenez garde, car si la croix n'est pas bien nette à la base, si elle est coupée par de petites lignes qui la traversent, le mariage ne se fera qu'après bien des obstacles.

Si la croix n'est pas complètement formée, le mariage projetée n'aura pas lieu ; enfin, s'il y a deux croix placées à côté l'une de l'autre, il y aura deux mariages d'inclination dans la vie. Notre expérience personnelle nous permet d'affirmer la réalité de cette tradition huit fois sur dix.

Une passion.

Parfois la volonté, quelque ferme soit-elle, doit céder le pas aux emballements du coeur. L'être tout entier est dominé par la passion et de profonds changements pourront en résulter, qui se répercuteront sur l'existence entière. Cela doit être indiqué pour le chiromancien et c'est, en effet, ce qui a lieu.

Entre le pouce et la ligne de vie, sur la masse charnue qu'on appelle le *mont de Vénus*, sont marquées les grandes amours par des traits verticaux et profonds (voyez n°**2** , fig. précédente), et les amourettes par des traits plus fins **(3)**.

Une passion unique qui a modifié l'existence à un moment donnée est indiquée par une profonde ligne verticale qui coupe la ligne de vie, coupe ensuite la ligne de fatalité à une hauteur qui indique l'âge de ce changement et vient se terminer à la ligne de coeur.

C'est le signe du « coup de tête » causé par une affaire de coeur.

Nous ne parlerons pas d'une ligne qui double quelque fois la ligne de coeur entre cette ligne de coeur et la racine des doigts index et annulaire. C'est l'*anneau de Vénus* qui prédispose celui ou celle qui le possède à des emballements excessifs.

La fortune.— La gloire.

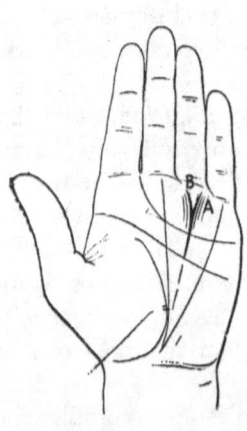

Après l'amour et bien souvent avant la gloire la fortune n'intéresse-t-elle pas par-dessus tout beaucoup de nos lectrices ?

Quel est donc le signe mystérieux qui nous permettra d'espérer en la richesse ?

Le veau d'or est quelque peu parent de Satan, si nous en croyons le récit de l'indignation de Moïse au sujet du symbole du radieux métal. Or, le signe de la fortune sera une fourche, arme diabolique par excellence, placée sous Apollon (**B** fig. ci-jointe). Plus la Fourche est bien formée, plus l'aveugle dispensatrice des biens de cette terre sera généreuse à votre égard. Il est donc très utile de bien vérifier ce signe quand on étudie rapidement les lignes de la main.

La longueur de la ligne d'Apollon indique les tendances artistiques et les petites lignes rayant le mont d'Apollon (**A**) indiquent la réussite sûre dans les réalisations intellectuelles et, partant la gloire.

Bienheureux Apollon qui dispense le laurier au poète et l'or au financier.

La science et l'intuition.

Hermès préside aux mystères sacrés et donne la science aux hommes, les pressentiments et les rêves prophétiques aux nerveuses natures féminines. Or, le petit doigt, ce bavard qui raconte tant de choses aux nourrices, est le représentant d'Hermès en chiromancie.

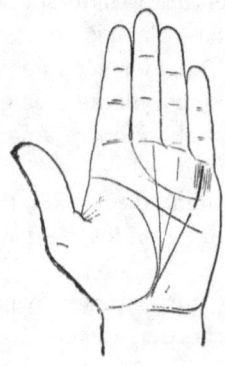

Si donc vous possédez une longue ligne bien creusée et aboutissant à ce doigt, vous avez les dons requis pour l'étude et la pratique des sciences occultes, votre intuition est bien développée et vous « sentez » les influences, bonnes ou mauvaises, qu'exerceront sur vous les gens en présence de qui vous vous trouvez.

Si sur le mont d'Hermès, à la racine du petit doigt, vous voyez une foule de petites lignes verticales parallèles, c'est là la signature de l'amateur des sciences naturelles et du médecin.

La santé.

La ligne de vie qui entoure le pouce est bien mal nommée, puisque de nombreuses constatations expérimentales nous ont montré que cette ligne n'indique pas du tout la longueur de la vie, mais bien les accidents qui atteignent le corps physique. On devrait donc l'appeler plutôt ligne de santé.

Voici les principales indications qu'on peut tirer de cette lignes. Les dangers de mort subite sont indiqués par des solutions de continuité (**1**). Les maladies chroniques par des îles (**3**) et les maladies de langueur par un affaiblissement progressif de la ligne (**2**).

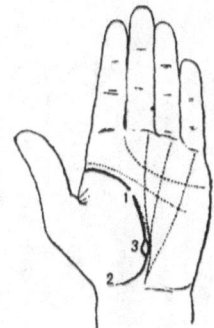

En se reportant à la Saturnienne, on peut donner quelques indications d'âge auxquels arrivent ces affections, mais ces indications sont toujours vagues. Il semble qu'une puissance supérieure ait voulu soustraire de telles certitudes à l'analyse du chercheur curieux.

Dernières considérations sur la chiromancie.

Avant de terminer, donnons quelques détails complémentaires et techniques sur la chiromancie.

Quand la ligne de vie et la ligne de tête se rencontrent à leur origine et se confondent, c'est un signe de grande défiance d'elle-même de la part de la personne qu'on consulte. Dans ce cas, toutes les entreprises doivent être commencées par lettres ou par intermédiaire sous peine d'échec.

Au contraire, quand la ligne de vie est, dès le début, bien séparée de la ligne de tête, c'est le signe d'une grande confiance en soi-même et le gage presque certain d'une réussite rapide pourvu qu'on abandonne jamais le début d'une entreprise à un tiers.

Quand la séparation entre la ligne de vie et la ligne de tête n'est pas complète et que de petites lignes en X relient les deux grandes, c'est signe de confiance en son étoile et de défiance de soi-même.

On trouve au niveau du poignet des lignes horizontales formant chacune un demi-bracelet. D'après la tradition chacune de ces lignes indique vingt ans d'existence. L'ensemble de ces lignes constitue la *rascette*.

La phalange unguéale du pouce indique la volonté et l'autre phalange indique la logique. En regardant la longueur comparative des deux phalanges on peut déterminer l'influence prépondérante soit de la logique, soit de la volonté dans l'être humain.

Toute ligne qui en double une autre augment les indications normales. Ainsi la ligne de vie doublée est signe d'excellente santé, la ligne de tête doublée, de grande force de caractère, etc., etc.

PHYSIOGNOMONIE

On ne peut toujours demander à une personne dont on veut voir le caractère de vous confier sa main, fût-ce la gauche. Comment faire dans ce cas ?

Toutes les formes de l'être humain se correspondent strictement, et c'est même la recherche de ces rapports qui permet à un homme de science de s'occuper de ces questions avec autant d'intérêt que s'il poursuivait une branche quelconque d'anatomie.

Lors donc qu'il vous est impossible de voir la main de la personne que vous désirez juger, contentez-vous de considérer ses traits, qu'elle ne peut certes cacher, et vous saurez mille choses intéressantes à son égard.

Il existe une foule de traités de physiognomonie, à commencer par l'oeuvre justement célèbre de Lavater. Mais ces ouvrages manquent de lois générales, et le lecteur se perd en une foule de remarques de détails qui paralysent toute étude sérieuse.

Nous allons donc nous efforcer de donner des conseils pratiques et aussi clairs que possible. Maintenant, aimable lectrice, apprêtez-vous à voir tous les secrets de vos amis.

Du profil.

D'une façon générale, on peut classer les êtres humains en quatre catégories correspondant aux hiéroglyphes que la traditions attribue aux quatre évangélistes.

Nous aurons d'abord les *calmes*, les patients, dont le défaut est surtout la lenteur et dont l'hiéroglyphe est le boeuf ; nous aurons ensuite les *passionnés*, les actifs dont le défaut est l'inconstance et surtout la colère, et qui sont caractérisés par le lion. Puis nous pourrons considérer les *nerveux*, les intellectuels dont le défaut (si c'en est un) est l'amour des hauteurs éthérées et par suite l'absence de sens pratique et qui ont comme hiéroglyphe l'aigle.

Enfin les *volontaires*, les ambitieux caractérisés par l'être à forme humaine et qui, matérialisés, peuvent être des égoïstes ou des envieux.

Parmi les procédés qui permettent une classification rapide, il en est deux principaux : l'étude du profil et l'étude du teint. Nous nous occuperons, pour l'instant, du profil et surtout du nez.

Le nez, de profil, se présente sous deux aspects principaux, concave (nez relevé, nez en trompette), ou convexe (aquilin). Les nez droits sont le plus souvent des nez aquilins mal étudies.

Or, les individus ayant le nez concave de profil sont ou des calmes ou des passionnés.

Ceux qui ont le nez aquilin sont, au contraire, ou des nerveux ou des volontaires.

Classification des nez.

Nous avons divisé les êtres humains en deux catégories, ceux qui, vus de profil ; avaient le nez en trompette (nez concave), et ceux qui avaient, au contraire le nez convexe (nez aquilin).

On ne pourrait porter aucun jugement sur des données aussi générales. Voyons donc un moyen des plus simples de parfaire ces divisions.

En regardant le bout du nez (toujours de profil) et en cherchant s'il est rond ou pointu, votre classification sera déjà très complète. En effet :

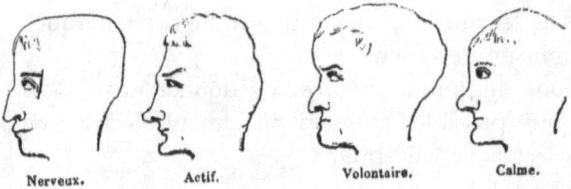

Nerveux.   Actif.   Volontaire.   Calme.

Le nez concave à terminaison ronde rappelle vaguement le profil du boeuf et est caractéristique du *calme*, surtout si les lèvres sont molles et épaisses.

Le nez concave à terminaison pointue rappelle vaguement le profil du chien, et est caractéristique de *l'actif*, du passionné, surtout avec des lèvres charnues et colorées. Voilà pour le nez en trompette.

Le nez convexe à terminaison ronde caractérise le *volontaire*.

Les lèvres sont minces et la bouche droite (à trait de couteau). Profil d'aigle.

Le nez convexe à terminaison pointue caractérise le *nerveux*.

Les lèvres sont minces mais tombantes. Profil de perroquet[1].

Du teint.

L'homme possède généralement deux natures très distinctes et souvent fort différentes. L'une est l'être intérieur dont il cache soigneusement les impulsions ou les passions ; l'autre est l'extérieur, celui que le monde connaît, fruit de l'éducation et du travail de tous les instants. C'est là la fausse nature, le rideau derrière lequel se dérobe la nature véritable. Nous venons de voir comment l'examen du profil permettait de découvrir l'être réel caché sous l'être d'emprunt ; occupons-nous d'un autre procédé l'examen de diagnostic : l'examen du teint.

On classe les races humaines en quatre types principaux d'après leurs couleurs : les blancs, les rouges, les jaunes et les noirs. Or, il est curieux de constater que le teint des individus répond à ces divisions mêmes dans la race blanche et que les *calmes* auront le teint manifestement blanc par rapport aux *actifs* dont le teint sera rouge, aux *nerveux* dont le teint sera jaune et aux *volontaires* dont le teint sera sombre, allant quelquefois à atteindre une teinte voisine du noir, déduction faite des nécessités de couleur imprimées par la race. Nous allons voir comment on peut facilement classer les teintes des personnes auxquelles on a affaire.

Détermination du teint.

On ne peut rendre un compte exact de la valeur d'un ton que par comparaison avec un autre ton, pris comme point de repère.

Prenez donc une feuille de papier bien blanche (papier à lettres ou papier d'écolier). Vous possédez ainsi le point de repère indispensable.

Priez plusieurs personnes d'appliquer leur poing fermé, les doigts en dessous, sur cette feuille de papier, et vous constaterez facilement que la peau, en apparence blanche, est, au contraire, jaune, rouge ou noire par rapport à la blancheur du papier. Ce n'est qu'en présence d'une nature calme que vous trouverez une concordance, très faible, du reste, entre la couleur du papier et celle de la peau.

Vous obtiendrez ainsi la nature vraie des individus en vous souvenant que les calmes ont la peau relativement blanche, les actifs ont le teint rouge, les nerveux jaune et les volontaires noir.

Voilà donc une manière rapide et facile de classer les individus, surtout si vous appliquez en même tempos les données déjà connues concernant le profil.

Les deux natures.

Nous avons vu que l'homme avait généralement deux natures : celle qu'il cache et celle qu'il montre ; l'une pour le monde, l'autre pour l'intimité. Si bien que, lorsque vous avez épousé un homme très gai dans le monde, il se trouve que cet homme est maniaque et toujours triste dans l'intimité et réciproquement. Voyez donc l'utilité de la physionomie pour le bonheur des ménages.

Vous savez découvrir par l'examen du teint la nature cachée, comment déterminer exactement l'autre ? Car, pour dire vrai, ce n'est pas en sachant l'une des sources de nos impulsions qu'on nous connaitra parfaitement. Pour arriver à quelque chose de sérieux, il faut au moins deux déterminations bien caractérisées.

Pour obtenir ce résultat, il suffit de remarquer que le visage présente presque toujours deux teintes caractéristiques. Superficiellement une teinte qui indique la nature extérieure et, formant le fond, une autre teinte indiquant la nature intime, et c'est cette seconde teinte seulement que vous retrouverez sur la main. En prenant, pour l'examen d'un homme, le col de la chemise blanc comme point de repère, on voit qu'il y a des visages rouges sur fond blanc (pommettes rouges, front blanc), rouges sur fond sombre ou rouges sur fond jaune, etc., etc. De même, il n'y a pas dans la nature des hommes purement calmes ou purement nerveux ; il y a des hommes calmes volontaires, des nerveux actifs, etc.

Le teint de la main, comme le profil du nez, indique la nature dominante, la nature vraie, celle qu'on cache avec le plus de soin — et celle qu'on doit placer la première dans l'énumération.

La teinte superficielle et accessoire des joues et du visage indique de plus la nature adjointe, celle qu'on montre volontiers et qui doit être placée la seconde dans l'énumération.

Ainsi, un nerveux actif est un homme dont le teint de la main est jaune (nerveux) et dont les joues sont colorées, soit rosées ou rouges (actif).

La Tranquille.

Avant de quitter la Physiognomonie, nos lectrices ne masqueront pas de nous demander de nouveaux détails sur ces quatre divisions qu'elles savent maintenant appliquer. Ce n'est pas tout de faire le diagnostic, il faut aller plus loin. Nous allons donc satisfaire à ce légitime désir. Donnons d'abord quelques détails sur la Tranquille ou calme.

Physiquement, la Tranquille se reconnaîtra aux petits pas lents de sa marche, à son teint blanc, a ses cheveux ordinairement blonds, à son nez concave à terminaison ronde, à ses lèvres épaisses, blanches et molles. Son écriture est ronde et uniforme et se rapproche beaucoup de la calligraphie.

La Tranquille aime la rêvasserie et est peu expansive.

Son péché mignon est la gourmandise et on la croit paresseuse. Le plaisir, pour elle, dérive toujours de la passivité de son être ; aussi est-elle excellente musicienne ; mais préfère entendre qu'exécuter.

Le sentiment tient une grande place dans la vie de la Tranquille, et toutes affections doivent être sentimentales au début. Cependant la réussite d'une affection dépend uniquement de l'insistance et un peu aussi de l'audace du futur.

La Tranquille a beaucoup d'ordre et s'entend fort bien à conduire un intérieur, pourvu qu'elle ait le nombre voulu de serviteurs ; sans cela, tout est toujours en retard.

Dans une telle nature, la mémoire est excellente (mémoire des noms et des dates) ; l'intelligence lente mais assez ouverte, surtout aux données concrètes, la volonté faible et toujours prête à abdiquer, se manifestant dans la lutte par la force d'inertie. L'imagination travaille un peu, mais seulement dans le repos. La sensibilité est en général peu développée.

L'active.

Physiquement, l'active se reconnaitra aux grands pas rapides de sa marche, à son teint rouge, à ses cheveux noirs (rarement blonds, souvent roux), à son nez concave à terminaison pointue, à ses lèvres épaisses, rouges et fermes. Son écriture est hésitante et en zigzag, avec beaucoup de lettres mal formées.

L'active aime, comme son nom l'indique, l'action, et est très expansive. Son péché mignon est le mensonge, et on la dit très passionnée. Le plaisir pour elle dérive toujours de l'activité de son être, aussi aime-t-elle les voyages et quand elle est artiste, préfère-t-elle le chant ou le théâtre.

L'enthousiasme tient une grande place dans l'existence et toutes les affections doivent être passionnelles au début. La réussite d'une affection dépend uniquement de la souplesse et de la patience qu'opposera le futur aux colères et tracasseries dont il sera l'objet.

L'active a de l'ordre dans ses armoire et aucun ordre dans la chambre où l'on se contente de tout remette en place par accès, tous les mois, ou moins souvent encore. L'active conduit assez bien son intérieur, mais fait la vie très dure à ses domestiques qu'elle surveille étroitement. L'idéal à atteindre dans cet intérieur est la vitesse.

Dans une telle nature, la mémoire est rapide, mais fugitive (mémoire des lieux et des couleurs) ; l'intelligence ouverte et les facultés d'assimilation très développées. La volonté est faible ; mais son absence est déguisée par des entêtements et des colères ; l'imagination travaille beaucoup, surtout devant un tiers et en parlant.

La sensibilité est, en général, très développée.

La nerveuse.

La nerveuse se reconnaîtra à ses petits pas rapides, rappelant le sautillement d'un oiseau, à son teint à dominance jaune, à son nez aquilin à terminaison pointue, à ses lèvres fines, serrées et dirigées en bas. Son écriture est pointue et très penchée avec de nombreux paraphes.

La nerveuse vit intellectuellement bien plus que physiquement. Ses défauts et ses qualités sont donc surtout d'ordre psychique. La jalousie et l'envie sont ses gros péchés, et il faudra éviter avec soin ses colères blanches suivies de longues rancunes. Le plaisir, pour la nerveuse dérive toujours de l'idée ; aussi la lecture et les combinaisons sans fin tiennent-elles une grande place dans la vie. L'art sous toutes les formes occupe le reste de ses loisirs.

Ses affections sont toujours platoniques avant tout, et quelques-unes seulement sont l'objet d'une réalisation.

La réussite d'une affection dépend du tact extrême et de la réserve que le futur saura mettre en jeu.

La nerveuse a très peu d'ordre, est timide, se perd toujours dans les détails et ne parvient que difficilement à diriger sa maison.

Dans une telle nature, la mémoire, assez développée se porte principalement sur les détails. L'intelligence est vive, mais l'assimilation trop rapide ; de là, de grandes obscurités dans la réalisation. La volonté existe à peine et se manifeste surtout par la bouderie. L'imagination règne partout en souveraine maîtresse. La sensibilité est développée jusqu'au paroxysme, mais avec point de départ intellectuel.

La volontaire.

Physiquement, la volontaire se reconnaîtra à ses grands pas lents, rappelant le pas de procession, à son teint sombre, à son nez aquilin à terminaison ronde, à ses lèvres fermées, serrées et droites, ainsi qu'à son menton avançant. L'écriture est droite, ferme et égale, les lettres sont généralement rondes.

La volontaire vit entièrement en elle-même. Elle parle et n'agit jamais que d'après ses propres idées, sans s'inquiéter de l'effet de cette action sur le milieu extérieur. Son défaut capital est l'orgueil, et ses proches souffrent beaucoup de son despotisme incessant. Le plaisir, pour la volontaire, dérive uniquement de la satisfaction et de l'écrasement de ses rivales, le tout tempéré par une certaine générosité, s'exerçant de façon capricieuse. Ses arts préférés sont ceux qui' s'exercent sur la forme : sculpture, architecture, etc.

Les affections sont toujours surtout despotiques, et la réussite d'une affection dépend surtout de l'obéissance du futur à tous les caprices et à toutes les fantaisies.

La volontaire a peu d'ordre dans sa chambre, mais beaucoup dans ses tiroirs. Elle s'entend admirablement à diriger sa maison et se fait obéir sans réplique.

Dans une telle nature, la mémoire est prodigieuse, mais l'assimilation lente. L'intelligence est large, mais trop portée aux idées préconçues. La volonté tient la plus grande place et opprime les autres facultés, surtout l'imagination. La sensibilité est peu développée.

Petit essai de politique féminine.

Revenons encore à la physiognomonie et voyons comment on peut agir surement sur chacune des quatre grandes classes entre lesquelles nous avons reparti la nature féminine.

Pour prendre empire sur la tranquille, veillez à la satisfaction de sa gourmandise, de sa paresse, et à la tranquillité du milieu dans lequel elle agit. Vous créerez ainsi autour d'elle une atmosphère d'habitudes dont il lui sera impossible de se défaire.

Pour dominer l'active, veillez à l'emploi de son activité même ; ingéniez-vous à trouver sans cesse de nouveaux voyages à faire, de nouveaux obstacles à vaincre ; sachez la faire mettre en colère de temps en temps et n'oubliez pas la flatterie.

Pour la nerveuse, usez, au contraire, d'admiration, et remplacez par vos efforts personnels l'activité physique qui lui fait défaut. Satisfaites ses petites manies que vous connaîtrez vite et n'oubliez pas que la jalousie ou l'envie, excitées à temps chez la nerveuse, en feront, quand vous voudrez une esclave. Que d'erreurs n'est-elle pas prête à commettre par dépit !

Quant à la farouche volontaire, celle qui semble si froide au premier abord, devinez vite son ambition cachée, et frappez-la directement dans l'exagération de son colossal orgueil. Acceptez son despotisme et dirigez sa vanité. Vous serez le maître caché de cette indomptable nature.

Du mariage et des complémentaires.

Pour que deux êtres s'accordent pendant de longues années, il faut, autant que possible, que leur nature se complète, que l'espérance de l'un vienne détruire les crises de désespoir de l'autre, et que l'activité du premier soit toujours à même de compenser les effets de la paresse du second.

Dans l'antiquité, en Egypte et en Créée, il y avait des collèges de prêtres et de prêtresses chargés d'enseigner les mystères de la famille, et cela évitait bien des catastrophes que la science contemporaine, figée dans son pédantisme, n'a jamais pu prévenir.

Or, deux êtres, dont l'un a une écriture longue et penchée, et l'autre une écriture ronde et droite, sont complémentaires.

Le teint rouge et le teint jaune, le teint blanc et le teint sombre, sont également complémentaires.

Les personnes aux doigts lisses et longs sont complémentaires de celles aux doigts noueux et courts.

Les nez concaves sont complémentaires des nez aquilins.

N'assemblez donc jamais deux nerveux ensemble, deux actifs ou deux volontaires, vous produirez des querelles plus ou moins violentes qui désolent certaines familles, où parents et enfants étant de même nature, l'harmonie ne peut s'établir que rarement et pour peu d'instants.

Donnez-vois la peine de regarder autour de vous, et vous verrez que ces données, en apparence frivoles, cachent des enseignements qui peuvent être de grande portée.

Des natures complémentaires.

Avant d'abandonner l'étude des complémentaires, capitale entre toutes par ses applications, définissons avec quelques détails le caractère des complémentaires qui doit être choisi par chaque classe de femmes.

La règle générale à suivre, une fois qu'on a déterminé les deux natures qui dominent un être (*Voir ce que nous avons dit au sujet du teint*), est de chercher comme complémentaires les natures nettement opposées.

Ainsi, la tranquille animique aura comme complémentaire le volontaire-nerveux ; la contemplative et tranquille pessimiste aura comme complémentaire l'entreprenant (volontaire actif), etc.

Pour ne pas nom perdre dans les détails, disons que, dans nos grandes divisions, la calme a pour complémentaire le volontaire ; l'active se complète par le nerveux et réciproquement.

En étudiant les écritures, la forme des traits, la marche et la forme de la main, on verra que chaque détail répond strictement au complémentarisme de l'ensemble. Un peu de pratique suffira, du reste, pour arriver vite à des résultats surprenants, et nous souhaitons vivement à nos lectrices d'éviter ainsi les brouilles et les mille ennuis que cause un mariage mal assorti... au point de vue des complémentaires.

---

1. Les dessins ci-joints sont de M. Gary de Lacroze, le célèbre hermétiste, qui nous a gracieusement autorisé à les reproduire.

DIVERS

Théorie de l'horoscope.

Vous savez, n'est-ce pas, que les anciens astrologues prétendaient annoncer l'avenir d'un individu en se rapportant à la position des astres lors de la naissance de cet individu. Sur quelle théorie s'appuyait donc une telle affirmation ?

Sur cette idée que, de même que le tapis des Gobelins est fabriqué par des ouvriers invisibles pour nous quand nous regardons le tapis de face, de même le corps humain n'est que le résultat extérieur, matériel, du travail d'un autre principe que nous ne voyons pas à l'état normal et appelé *corps astral*.

Ce nom de corps astral venait de ce que c'était les influences des astres qui agissaient d'une façon prépondérante sur ce principe.

On pouvait donc, en étudiant attentivement les *formes* du corps physique, déterminer le caractère du corps astral, dont ce corps physique n'est qu'une traduction matérielle pour nos sens et, en poursuivant l'analyse, on pouvait découvrir quels étaient les astres qui avaient davantage influé lors de la naissance. De là l'étude des formes physiques considérées comme des *signatures astrales* et toutes les sciences de divination déductive. (*Chiromancie, physiognomonie, métoposopie, etc., etc.*) Voilà pourquoi les doigts et les lignes de la main ont. en chiromancie, les noms des sept planètes de l'ancienne astrologie.

L'astrologie et le caractère.

Les astrologues divisent la vie humaine en sept périodes embrassant les différentes phases de l'existence.

La lune domine la gestation, Mercure règne pendant l'enfance de 1 à 14 ans, Vénus domine 14 à 28 ans, Apollon préside à la jeunesse de 28 à 42 ans, Mars commande la période où l'homme est au summum de sa force physique et intellectuelle de 42 à 56 ans. Le sage Jupiter dirige la vie humaine de 56 à 70 ans, l'âge mûr ; et enfin le sombre Saturne tient sous sa coupe la vieillesse de 70 à 84 ans.

Il résulte de là que les gens qui naissent sous l'influence de Mercure sont toujours enfants et étourdis, même à 70 ans que les heureux nés sous l'influence de Vénus sont toujours aimants et que les artistes sur qui domine Apollon restent jeunes toute leur vie. Par contre, les batailleurs sont soumis à Mars, les gens graves dès leur enfance dépendent de Jupiter, et les tristes, ceux qui, quelque soit leur âge, semblent toujours avoir 70 ans, sont les esclaves de l'influence de Saturne.

Cette division astrologique, rapportant la note dominante du caractère à l'influence planétaire, avait beaucoup frappé Goethe.

Une tradition concernant la Lune.

L'astrologie nous enseigne que notre satellite, véritable ganglion sympathique de la Terre, règle la croissance de tout ce qui pousse ici-bas. Si donc vous voulez que vos cheveux croissent, ne les coupez jamais que pendant la période croissante de la Lune (N.L. à P.L.).

CONCLUSION

Nous pourrions développer encore beaucoup ces données forcément élémentaires. Mais nous avons assez abusé de la gracieuse attention de nos lectrices et nous avons fait nos efforts pour éviter les détails qu'on trouve dans tous les livres et pour donner, au contraire, un travail original et synthétique. Nous nous sommes, autant que possible, cantonné sur le terrain pratique, et si quelqu'une de nos lectrices veut maintenant voir le caractère des amis et des amies qui l'entourent, nous sommes persuadé que ces données lui suffiront pour obtenir des résultats curieux et que la pratique rendra de plus en plus remarquables. Si nous avons pu rendre quelque service, nous serons amplement récompensé de nos efforts.

Copyright © 2024 by Alicia ÉDITIONS

Credits : www.canva.com ; Alicia Éditions

ISBN E-Book : 9782384553020

ISBN Papier : 9782384553037

Tous droits réservés.

Aucune partie de ce livre ne peut être reproduite sous quelque forme ou par quelque moyen électronique ou mécanique que ce soit, y compris les systèmes de stockage et de récupération de l'information, sans l'autorisation écrite de l'auteur, à l'exception de l'utilisation de brèves citations dans une critique de livre.

www.ingramcontent.com/pod-product-compliance
Lightning Source LLC
LaVergne TN
LVHW032006070526
838202LV00058B/6323